야메니즘

유머니즘

웃음과 공감의 마음사회학

제1판 제1쇄   2018년 11월 30일
제1판 제4쇄   2019년 11월 18일

지은이   김찬호
펴낸이   이광호
주간   이근혜
편집   박지현 김가영
펴낸곳   ㈜문학과지성사
등록번호   제1993-000098호
주소   04034 서울 마포구 잔다리로7길 18 (서교동 377-20)
전화   02) 338-7224
팩스   02) 323-4180(편집)   02) 338-7221(영업)
전자우편   moonji@moonji.com
홈페이지   www.moonji.com

ISBN 978-89-320-3505-5 03300

이 도서의 국립중앙도서관 출판예정도서목록(CIP)은 서지정보유통지원시스템 홈페이지
(http://seoji.nl.go.kr)와 국가자료공동목록시스템(http://www.nl.go.kr/kolisnet)에서
이용하실 수 있습니다.(CIP제어번호: CIP2018040362)

* 이 도서는 한국출판문화산업진흥원 2018년 우수출판문화콘텐츠 제작 지원 사업 선정작입니다.
* 이 도서의 본문 인용에는 〈Sandoll 정체 530〉을 사용하였습니다.

김찬호 지음

웃음과 공감의
마음사회학

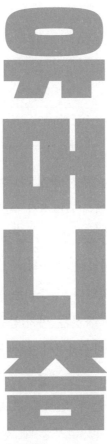

유머니즘

문학과지성사

들어가며

전철 안에서 우연히 마주친 광경 하나가 오래도록 기억에 남는다. 청각장애인 남자 세 명이 둘러서서 수화를 주고받고 있었다. 무척 웃긴 이야기를 나누는 듯, 모두가 얼굴에 함박웃음을 터뜨리며 연신 박수를 치는 모습이었다. 주변의 시선에 아랑곳하지 않고 대화에 온전히 몰입하고 있었다. 말소리는 물론 웃음소리조차 내지 않으면서 배꼽 잡고 웃는 몸짓은, 마치 볼륨을 꺼놓은 영상처럼 다가왔다. 그 낯선 광경을 마주하면서 웃음에 대해 새삼 생각하게 되었다.

우리는 거의 매일 웃는다. 인사를 주고받을 때, 고마움을 전할 때, 미안해할 때, 수줍을 때, 흐뭇할 때, 심신의 상쾌함을 느낄 때, 신이 날 때, 감격할 때, 웃긴 말이나 장면을 접할 때…… 웃음은 대부분 특별한 의도나 노력 없이도 자연스럽게 일어나는 정서-신체적 반응으로, 소통에서 큰 비중을 차지한다. 말보다 웃음이 더 중요한 경우가 적지 않고, 그를 통해 주고받는 기쁨의 에너지는 삶의 활력이 된다. 그래서 유쾌한 사람을 가까이하고 싶고, 웃기는 상황을

4

일부러 연출하기도 한다. 웃음을 선사하는 방송 프로그램이나 인터넷 동영상, 출판물이 인기를 끈다. 바야흐로 유머 권하는 사회다.

유머는 인간이 발휘하는 독특한 정신적 능력이다. 경험이나 상황을 새로운 각도에서 포착하는 직관, 그 의미를 더 높은 차원으로 변환시키는 창조성이 거기에 깃들어 있다. 그리고 사람들 사이의 공감대를 확장하면서 소통에 활력을 불어넣고 유대감을 높여준다. 그래서 많은 영역에서 유머 감각이 강조되고 있다. 가족생활, 대인관계, 직장 생활, 대중문화, 디자인, 예술, 마케팅, 비즈니스, 조직경영, 사회운동, 정치·외교 무대 등. 이제 유머는 단순한 여흥이나 대화의 조미료가 아니라, 행복의 씨앗이고 타인의 마음을 움직이는 마법이며 부가가치의 원천으로 여겨진다. 개인적 매력의 주요 덕목이자 사회적 경쟁력의 매개체가 된 것이다.

세상살이가 팍팍해질수록 유머는 반짝이고, 많은 사람들이 유머 감각을 선망한다. 거기에 부응하여 시중에는 관련 서적들이 출간되고 있는데, 대부분 유머의 효용과 노하우를 알려주는 자기 계발서 또는 우스갯소리를 모아놓은 사례집이다. 그런데 유머는 어떤 원리로 공식화하기에는 그 얼개가 너무 복잡하다. 또한 소통의 흐름 속에서 전혀 새로운 의미 회로를 순간 포착하는 것이기에, 외워둔 이야기를 들려주는 방식으로는 한계가 있다. 삶 속에서 웃음이 피어나게 하려면, 기법과 암기를 넘어 유연한 지성을 가다듬고 마음의 부피를 확장해야 한다. 그리고 화술과 같은 개인적 능력의 신

장에만 매달리지 말고, 일상이 영위되는 공간과 관계망을 리모델링
해야 한다.

　내가 그런 문제의식을 갖게 된 계기는, 몇몇 대학생들과 대화를
나누는 자리에서 던진 농담 한마디가 분위기를 썰렁하게 만들어 당
황스러웠던 경험에서였다. 함께 웃을 수 없다는 것은 단절의 결정적
인 징표처럼 느껴진다. 왜 농담이 통하지 않았을까? 여러 가지로 원
인을 짐작해본다. 내가 요즘 젊은이들의 유머 코드를 잘 알지 못해서
엇나갔을 수 있다. 청년들이 고단한 생활에 지쳐 유머를 즐기기 어려
웠을 수 있다. 또는 우리 사회에 세대 간의 친밀감이 부족하고 관계
가 경직된 탓도 있을지 모른다. 모두가 원인이 될 수 있고, 그 하나
하나가 유머가 성립하는 요건이라 하겠다.

　나는 유머의 본질과 사회적 연관성이 궁금해졌다. 유머는 어떻
게 발생하고 작동하는지, 삶과 인간관계에서 어떤 효과를 자아내는
지를 연구해보고 싶어졌다. 하지만 막상 연구에 착수하고 보니, 예
상보다 험난했다. 철학, 미학, 심리학, 언어학, 문학, 역사학 등에서
유머를 간간이 다루긴 했으나, 학문적 축적이 빈약한 실정이다. 그
나마 나와 있는 이론들은 무척 난해하고, 유머의 논리를 해부하는
데 치중하다 보니 그 생동감이 사라져버리기 일쑤다. 그래서 내가
겪은 경험이나 보고 들은 구체적인 사례들을 분석하는 쪽으로 방향
을 바꿔보았다. 그런데 이것 역시 웃음이 터져 나왔던 상황의 생생
함은 사라진 채 무미건조한 정보만 주무르는 듯해서 회의감이 밀려

들었다. 유머는 그저 웃고 즐기면 그만이지, 그에 관해 굳이 논의할 필요가 있을까? 그것은 마치 사랑의 기쁨을 해부하거나 맛있는 음식을 분석하는 것만큼이나 구차스러운 일이 아닌가? 그동안 유머의 본질을 규명하는 작업이 활발하게 이뤄지지 못한 까닭을 알 것 같았다.

하지만 오히려 그렇기 때문에 도전할 만한 가치가 있어 보였다. 삶의 여러 현상과 경험을 분석하는 사회학도로서 유머를 파헤쳐 보고 싶은 열망은 강렬했다. 내 일상에서 유머는 소중한 동반자이기 때문이다. 가족생활에서 그리고 친구들과의 대화에서 웃음은 흥겨움의 발효제다. 또한 강의 공간에서도 나는 유머의 미덕을 거듭 확인해왔다. 지난 30년에 걸쳐 대학의 안과 바깥에서 여러 주제로 다양한 청중들을 만나오는 동안, 유머는 의외의 순간에 경이로운 깨달음을 선사하면서 강의의 격조와 윤기를 더해주었다. 관성적인 사고를 넘어선 통찰로 인식의 지평을 열어젖히면서 깊은 공감대를 빚어내는 것이다.

물론 유머가 언제나 즐거움을 빚어내는 것은 아니다. 상대방을 조롱하거나 특정 집단을 비하하는 유머는 불쾌함과 모멸감을 자아낸다. 사람을 업신여기면서 쾌감을 느끼는 비웃음, 성적인 수치심을 유발하는 희롱, 권력과 지위에 도취되어 짓는 과시적인 미소…… 유감스럽게도 지금 한국 사회에는 그런 병적인 웃음이 만연해 있다. 이 책에서는 유머와 웃음의 그러한 이면도 함께 조명하는

데, 거기에는 인간 세계의 여러 모순이 집약되어 있고 감정의 지형이 여러 갈래로 맞물려 있다. 웃음은 삶과 사회의 자화상을 비춰보는 하나의 중요한 거울이라고 할 수 있다.

책의 제목은 그러한 고민 속에서 정해졌다. '유머니즘'은 '유머'와 '휴머니즘'을 조합한 것으로, 대중매체와 문학 평론에서 이미 쓰이기 시작한 개념이다. 유머를 위한 유머가 아니라 인간애로 연결되는 유머라는 의미가 그 안에 담겨 있다. 사람을 따스하게 품는 마음과 삶에 대한 연민이 묻어나는 웃음을 지향하며, 더 나아가 비인간적인 현실에 저항하고 새로운 존재를 생성한다. 그러한 힘을 잉태한 유머는 휴머니즘의 긴요한 지렛대가 될 수 있다. 이 책에서 나는 기존의 학문에 기대어 유머의 정체를 밝히면서, 더 나은 세계로 나아가는 데 유머가 어떤 통로가 될 수 있는지를 검토하려 한다.

이 책의 구성과 내용은 이렇다. 「프롤로그」에서는 지금, 왜 유머를 말해야 하는가를 생각해본다. 미디어와 정보 네트워크의 무한한 확장 속에서 우리는 언어의 과잉을 경험하는 한편, 소통의 어려움을 절감한다. 관계 맺기가 점점 어려워지는 가운데 유머도 빈곤해진다. 유머가 절실하게 요청되는 까닭은 척박한 일상에 윤기를 더해주고 허약한 지성에 생기를 불어넣기 때문이다. 여기서는 그러한 관점을 요약하면서, 인간의 마음과 사회적 관계에 유머가 어떻게 접맥될 수 있는지를 살펴볼 것이다.

1부에서는 인간의 삶에서 웃음이 어떻게 피어나고 생리적·심리적·사회적으로 어떤 효과를 불러일으키는지 알아본다. 기쁨의 표현이자 교환 행위인 웃음은 대개 사람들 사이의 유대를 북돋지만, 의도적으로 또는 무심코 타인에게 상처를 줄 수도 있다. 한국 사회에서 웃음은 폭력적으로 경험되는 경우가 많은데, 그 양상은 무엇이고 어떤 관계에서 쉽게 나타나는지를 생각해본다. 아울러 누군가를 대상화하는 비웃음이 아니라, 모두 함께 즐거워하는 인간적인 웃음이 어떻게 자라날 수 있는지도 탐색한다.

2부에서는 유머라는 개념이 역사 속에서 어떻게 생성되고 변용되어왔는지, 유머 감각이 인류의 진화 과정에서 무슨 효용이 있었는지를 알아본다. 유머는 일상에서 널리 쓰이는 단어지만, 그 안에는 넓은 스펙트럼이 존재한다. 이 글에서는 네 가지 범주로 나누어 그 속성을 비교한다. 그리고 여러 학문 분야에서 유머의 본질을 규명하려고 시도했는데, 크게 에너지 이론, 우월 이론, 불일치 및 반전 이론으로 나뉜다. 여기서는 그 각각의 기본적인 문제의식과 분석 틀을 개관한다.

3부에서는 유머 감각의 본질을 포착·표현·연기·동심·넉살·공감이라는 여섯 가지 개념으로 나누어 논의한다. 많은 사람들이 유머러스해지고 싶어 하는데, 유머 감각은 단기간에 습득하거나 높이기엔 너무 복합적인 역량이다. 유연하고도 예리한 지성, 유쾌하면서 상대를 섬세하게 배려하는 감성이 어우러져야 한다. 그것은 여러 가지 요소가 유기적으로 결합된 감각으로서, 타고난 품성일 수도 있고 오랜 기간 의식적으로 연마한 결과일 수도 있다. 여기에서는 그 자질을 입체적으로 규명한다.

4부에서는 유머가 건강한 웃음을 이끌어낼 수 있는 조건을 짚어본다. 웃자고 던진 농담이 불쾌함을 자아내고 사회적으로 물의를 빚는 일이 종종 있다. 상대방이 어떻게 느낄지에 대한 상상력과 감수성이 빈약하고, 자신이 지닌 권력을 남용하는 습관 때문이다. 그런 오류에 빠지지 않으려면 소통이 이뤄지는 맥락을 정확하게 헤아려야 한다. 그리고 상대방과 자신이 신뢰의 끈으로 연결되어 있는지를 점검해야 한다. 그런 마음의 장場을 다채롭게 빚어낼 때 일상은 풍요로워질 것이다.

5부에서는 유머의 정신이 현실과 어떻게 맞물리는지를 다각적으로 조망한다. 웃음은 매우 평범한 몸짓이지만, 권력자와 체제를 위협하는 무기가 될 수 있다. 당연시되는 것을 뒤집어 보게 하는 혁명의 씨앗이 잠재되어 있기 때문이다. 또한 유머는 자기 자신을 상대화하면서 세계와 드넓게 연결되고, 눈앞의 슬픔과 고통을 넘어설 수 있는 기백을 불어넣는다. 인간적인 약점과 한계를 진솔하게 바라보면서 주어진 삶을 수용하고, 그러면서도 현실의 제약을 넘어설 수 있는 지혜와 용기가 거기서 나온다.

이 책은 2015년 가을에 처음 구상되었다. 유머에 대한 기존 연구서들을 검토하면서 관련 자료를 모으고 생활 속의 다채로운 경험을 검색하는 방식으로 작업을 진행했다. 어느 정도 윤곽이 잡혔을 때, 정리된 내용을 강좌의 형식으로 풀어내면서 점검하고 보완할 수 있었다. 2016년 3월 서울시민대학 중랑학습장, 같은 해 7월 고척도서관, 2017년 3월 참여연대 느티나무아카데미에서 각각 5회 시리즈로 강좌를 개설했다. 그리고 '유머—자유와 신뢰의 커뮤니케이션'이라는 제목으로 여러 자리에서 20회 정도 강연할 기회가 주어졌다. 그 과정에서 많은 수강생들과 의견을 나누면서 내용을 업그레이드할 수 있었다.

여기에서 일일이 거명할 수 없지만, 3년에 걸친 긴 저술의 여정에 도움을 주신 분들을 잊을 수 없다. 유머의 여러 면모를 통찰할 수 있는 경험을 들려주신 청중들, 보다 세련된 유머 개념을 발전시킬 수 있도록 일깨워주신 배움의 동지들, 나 혼자서는 도저히 발견할 수 없는 귀한 자료를 알려주신 지인들 덕분에 책이 한결 단단해졌다. 냉철한 독자의 눈으로 원고를 읽고 허술한 곳을 세밀하게 짚어준 아내에게도 고마움을 전한다. 그리고 문학과지성사의 박지현 씨와 김가영 씨에게 깊이 감사한다.

차례

왜 유머를 말하는가

식탁을 공유하지 못하는 사람은 농담도 공유하지 못하며 더러
는 진담도 공유하지 못한다.

—윤고은, 『일인용 식탁』에서

　희귀한 정신 질환에 걸린 환자가 가족의 손에 이끌려 병원에 찾
아왔다. 그는 언제부터인가 자신이 좁쌀이라고 확신하고 있었다.
그래서 외출을 하지 못한다. 비둘기들이 자신을 쪼아 먹을까 봐 무
서워서다. 의사는 여러 증거를 제시하면서 당신은 좁쌀이 아니라
사람이라는 것을 가까스로 납득시켰다. 환자는 자신의 정체성을 회
복하고 돌아갔다. 그런데 그는 귀가한 후에도 여전히 두문불출했
다. 가족들이 그를 다시 병원에 데리고 왔다. 의사가 묻는다. 자신
이 아직도 좁쌀이라고 생각하는가? 환자는 이제 자기가 사람인 것
을 알고 있다고 말한다. 그런데 왜 바깥에 나가지 않는가? 그는 이
렇게 대답한다. "그런데…… 비둘기들도 그 사실을 알고 있을까
요?"

발달심리학에서 통용되는 개념 가운데 '스키마schema'라는 것이 있다. 우리말로 옮기면 '도식' 정도가 되겠다. 인간이 성장하면서 세상에 대한 정신적인 모델을 어떻게 만들어가는가를 설명하기 위해 장 피아제Jean Piaget가 내놓은 개념이다. 간단히 말해 '주체가 환경과 교섭할 때 사용하는 지식이나 행동의 틀'이다. 인간은 외부 세계를 일정한 방식으로 수용하는데, 주어진 자극이나 정보 가운데 유의미한 것을 선별해서 어떤 상像이나 모델을 구성한다. 그러니까 스키마는 '경험에 의해서 형성된 정보처리의 회로'라고 할 수 있다. 그것은 세상을 살아가는 데 필요한 장치지만, 동시에 감옥이 될 수도 있다. 앞의 일화에 나오는 정신 질환자는 극단적인 고정관념의 굴레에서 빠져나오지 못하는 인간의 모습을 보여준다.

스키마는 주로 언어에 의해서 형성된다. 문명은 언어에 의한 인지혁명이라는 토대 위에 성립했다. 인간은 언어라는 상징체계를 통해 대상을 인식하고, 거기에 질서를 부여할 뿐 아니라 새로운 리얼리티를 창조해왔다. 언어는 사람과 사람 사이의 관계 속에서 작동하고, 그를 통해 우리는 저마다의 인식 한계를 벗어나 상호 주관적인 세계에 이를 수 있다. 만일 언어가 없다면, 인간은 전혀 다른 모습으로 살아가야 한다.

인간에게 언어는 단순한 도구가 아니다. 그것은 삶이 영위되는 그릇이다. 말을 통해서 세계 그 자체가 형성된다. '언어 장벽'이라는 표현에 그 본질이 담겨 있다. 전철 같은 공공장소에서 갑자기 외국어가 들리면 귀가 솔깃해지면서 모종의 긴장이 감돈다. 외국인이 함께하는 모임에서 참석자들이 그 나라 말로 이야기를 나누는데 나만 알아듣지 못한다면 소외감을 느끼게 된다. 가까운 친구가 외국어를 유창하게 구사하는 것을 처음으로 본다면, 갑자기 사람이 달라 보일 것이다. 다른 나라 말을 할 줄 안다는 것은 또 다른 세계를 살 수 있음을 뜻한다.

같은 언어권이라 할지라도, 그 안에는 다양한 세계가 공존하고 있다. 인간이 서식하는 공동의 기반이 거기에서 형성된다. 지금 우리의 언어 환경은 어떤 모습인가. 인터넷이 광범위하게 확장되고 사회관계망서비스SNS가 일상화되는 가운데, 미디어 생태계는 획기적으로 바뀌어가고 있다. 언제 어디에서든 검색할 수 있을 뿐 아니라, '카톡'이나 '밴드' 등에서 상시적으로 통신이 이뤄지기에 정보의 빅뱅이 일어난다. 우리가 접하는 정보의 양은 스마트폰이 나온 후에 약 50배 이상 많아졌다고 한다. 단지 소비하거나 수신하는 데 그치지 않고 누구나 쉽게 자신의 메시지를 생성하여 사회에 발신할 수 있는 상황에서, 사이버공간은 끊임없이 팽창하고 분화한다.

지금 우리는 역사상 유례가 없는 언어의 해방구를 경험하고 있다. 숨 가쁘게 변모하는 미디어 환경에서, 정부의 통제나 정보 조작이 점점 어려워지고 기존 언론의 독점적 지위도 흔들리고 있다. 2010년 튀니지의 재스민 혁명에서 시작된 '아랍의 봄'에서 그러했듯, 한국의 촛불혁명에서도 SNS가 크게 기여했다. 다중多衆이 공론장을 형성하면서 변화의 힘을 모아낸 것이다. 그 자유로운 공간에서는 창의적인 생각들이 다양하게 꽃을 피우고 재기 넘치는 표현이 만발하면서 널리 웃음과 공감을 자아낸다. 현상을 예리하게 파고들면서 본질을 드러내는 언어의 힘, 모순과 부조리를 비웃으면서 시민 의식을 드높여주는 유머의 잠재력이 거기에서 표출된다.

하지만 그늘도 있다. 악플, 막말, 혐오 발언…… 얼굴을 마주 보면서는 차마 내뱉기 어려운 언사가 사이버공간에 넘쳐난다. 저성장기에 접어들어 생존경쟁이 가혹해지는 가운데, 각박한 마음들이 좌충우돌하고 익명의 공간에서 난폭한 언어로 표출되고 있다. 누군가가 조금만 마음에 들지 않아도 "극혐이야"라고 서슴없이 내뱉는다. 다소 과장된 어법이다. 하지만 언어와 마음은 맞물려 돌아간다. 극단적인 표현을 통해 감정은 증폭된다.

다른 한편, 과열되는 온라인과 대조적으로 오프라인은 냉랭하다. 우리의 생활 세계는 사뭇 건조하고 때론 삭막하다. 여기에는 복잡한 역사적 배경이 있다. 가난과 전쟁으로 점철되던 시절에는 생존의 사슬에 묶여 있었고, 압축적인 경제 성장기에는 경쟁과 성공의 강박에 시달렸으며, 군부독재의 지배 체제하에서는 집단적인 실어증에 걸려 있었으니 말이다. 이런 환경에서 삶을 다양하게 빚어내고 향유하면서 의미를 소통하는 내면의 힘이 자라나기 어려웠다.

그런 가운데 일상을 척박하게 하는 문화가 자리 잡았으니, 바로 권위주의와 서열 의식이다. '윗사람'은 허세로 군림하려 하고, '아랫

사람'은 비위를 맞추고 눈치를 본다. 권력을 잡으면 갑질을 하고, 자기가 좀 약하다 싶으면 비굴해지는 것이다. 이런저런 회의에 참석할 때마다 느끼는 것인데, 젊은이들은 의견 개진을 하지 않고 묵묵히 듣고 있는 경우가 많다. 지위와 나이에 짓눌려 몸을 사리면서 시키는 일만 고분고분 수행하는 모습 말이다. 물론 젊은이들만이 아니라, 사회 전반적으로 외형적인 권위에 얽매이면서 표정과 몸짓이 경직되어 있다. 그 결과, 창의적인 아이디어가 생동하지 못하고 갈등을 유연하게 풀어내는 데 서툴다.

새로운 관계 맺기와 그것을 북돋을 수 있는 리더십이 요청된다. 고루한 틀에서 벗어나 마음의 힘을 발휘하고 집단 지성을 생성하는 기풍이 절실하다. 상하 관계나 세대의 간극을 뛰어넘어 자유로운 소통이 이뤄지는 분위기는 성숙한 사회의 긴요한 바탕이다. 회의 시간에 쉼표처럼 찍히는 농담 한마디가 토론의 역동과 활기를 더해주는 경험을 우리는 종종 한다. 부질없는 격식이 허물어지면서 가슴이 열리는 것이다. 이제 리더는 물론 사회 구성원들도 그런 여백을 스스로 가꾸며 타인들을 초대할 수 있어야 한다.

이 책은 바로 그러한 문제의식에서 썼다. 왜 유머를 말하는가. 유머는 대화에서 양념처럼 첨가되는 조미료 정도로 여겨지는 경우가 많지만, 한 꺼풀 벗겨보면 인간성을 이해하고 실현하는 바탕이 된다. 너와 나 사이에 유머가 작동하는가. 그것은 부수적인 문제가 아니라 관계의 본질을 드러내는 지표다. 앞서 인용한 윤고은의 글을 다시 읽어보자. "식탁을 공유하지 못하는 사람은 농담도 공유하지 못하며 더러는 진담도 공유하지 못한다."* 밥 한 끼 함께 먹을 사람이 없어서 '혼밥'이 늘어나는데, 이는 편안하게 농담을 주고받을 사람이 없다는 것이고, 더 나아가 진지한 대화를 나눌 상대도 없다는 것이라고 작가는 해석한다.

유머는 스킬이 아니다. 일정한 세계를 공유하면서 의미의 변주를 즐기는 정신이다. 그것은 자기를 상대화하는 용기, 주어진 상황을 낯설게 바라보는 관점을 요구한다. 타인의 마음을 섬세하게 읽어내고 그 움직임을 순간 포착하는 직관도 필요하다. 그것은 단기간에 집중적으로 훈련해서 체득할 수 있는 요령이 아니다. 가령 유머 감각이 탁월했던 정치인으로 고故 노회찬 의원을 꼽는데, 고루하고 무게만 잡는 어느 정치인이 그를 따라 한다고 해서 과연 유머러스해질 수 있을까? 유머는 삶의 무늬이자 인격이다. 자신과 세상을 받아들이는 태도다. 거기에는 인생 전체의 이력이 깃들어 있다.

유머는 지성의 소산이다. '뼈 있는 농담'이라는 표현이 있듯이, 유머는 사태의 본질을 통찰하는 경우가 많다. 모호하고 복잡한 현상의 이면에 깔려 있는 진실을 명료하게 드러낼 때, 우리는 그 예리한 시선에 경탄하면서 웃음을 짓는다. 거기에 자기 자신을 기꺼이 희화화할 수 있는 여유까지 곁들여지면 더욱 탁월한 유머가 된다.

---

* 윤고은, 『일인용 식탁』, 문학과지성사, 2010, 38쪽.

예를 들어 프랑스의 드골 대통령이 남긴 말 가운데 이런 것이 있다. "정치인은 자기가 말하는 것을 스스로도 믿지 않기 때문에 남이 자기 말을 믿으면 놀란다." 자기 자신을 비꼬는 동시에 권력자들의 행태를 꼬집고 있다.

"웃음이 없는 진리는 진리가 아니다." 니체의 말이다. 탁월한 이성은 발랄하고 통쾌하다. 여러 입장과 관점을 넘나들며 생각의 날개를 자유롭게 펼치기 때문이다. 구태의연한 틀에 갇히지 않고 다양한 발상을 꽃피우는 즐거움이 거기에 있다. 의미와 재미가 수렴되는 지점에서 품격 있는 유머가 발생한다. 거기에서 언어는 감옥이 아니라 새로운 존재의 모태가 된다. 그 창의적 지성의 경지에서는 진지한 것과 유쾌한 것 사이의 간극이 좁아진다. 소통의 폭이 그만큼 넓어지는 것이다.

기호학자 움베르토 에코는 일상적인 안부 인사에 답하는 방식으로 인류사의 위인들을 기발하게 대입시킨 바 있다. 그는 자신의 에세이집 『세상의 바보들에게 웃으면서 화내는 방법』에서 역사적 인물들의 철학과 사상을 유머러스하게 요약했다. 서양의 뛰어난 지성인 168명을 선정해서 그들에게 "어떻게 지내십니까?"라고 질문한다고 가정할 때 나올 법한 대답을 상상한 것이다. 그 가운데 우리에게 익숙한 인물들의 답을 추려보면 다음과 같다.* 학문과 예술의

---

*   움베르토 에코, 『세상의 바보들에게 웃으면서 화내는 방법』, 이세욱 옮김, 열린책들, 2009, 299~314쪽.

심오한 세계를 재치 있게 변용시킨 표현들을 통해 고매한 유머 한 편을 음미해보시라.

질문 어떻게 지내십니까?

오이디푸스 질문이 복합적complex이군요.
탈레스 물 흐르듯 살고 있습니다.
피타고라스 만사가 직각처럼 반듯합니다.
소크라테스 모르겠소.
플라톤 이상적으로 지냅니다.
아리스토텔레스 삶의 틀이 잘 잡혀 있지요.
단테 천국에 온 기분입니다.
노스트라다무스 언제 말입니까?
데카르트 잘 지냅니다. 나는 그렇게 생각합니다.
파스칼 늘 생각이 많습니다.
헨리 8세 저는 잘 지냅니다만, 제 아내는……
비발디 계절에 따라 다르지요.
뉴턴 제때에 맞아떨어지는 질문을 하시는군요.
셰익스피어 당신 뜻대로 생각하세요.
칸트 비판적인 질문이군요.
헤겔 총체적으로 보아 잘 지냅니다.
마르크스 내일은 더 잘 지내게 될 거요.
다윈 사람은 적응하게 마련이지요……
니체 잘 지내고 못 지내고를 초월해 있습니다. 고맙습니다.
카프카 벌레가 된 기분입니다.
비트겐슈타인 그것에 대해서는 말하지 않는 게 낫겠군요.
프로이트 당신은요?

카뮈 부조리한 질문이군요.

예수 다시 살아났습니다.

애거사 크리스티 맞혀보세요.

아인슈타인 상대적으로 잘 지냅니다.

레오나르도 다빈치 …… (말없이 묘한 미소만 짓는다.)

난해하고 골치 아프다고 여겨지기 쉬운 철학과 사상을 유머의 프리즘으로 조명하면서 그 진수를 보여주고 있다. 사유는 지루한 관념이 아니라 신나는 놀이가 될 수 있다. 이미 변화가 시작되었음을 미디어에서 확인한다. 많은 방송에서 교양과 예능의 경계가 허물어지고, 다양하게 증식하는 팟캐스트 채널에서 토론과 수다가 자연스럽게 어우러진다. 본래 지성은 유희적인 요소를 지니고 있다. 배움과 성장은 즐거운 일이다. 그 본질을 어떻게 회복할 것인가가 앞으로의 교육 과제다. 그것은 교육에 국한되지 않고, 삶과 사회 전반의 기조를 바꿔가는 단초가 될 수 있다.

한국이 세계사적으로 기록될 만한 엄청난 경제적 성취를 이루었는데, 한국인의 불행 감각은 갈수록 왜 날카로워지는가. 놀라운 민주화의 기적을 일구었는데, 우리의 일상은 왜 억눌려 있는가. 마음을 리모델링하지 않으면 이 거대한 난관을 뚫고 나아갈 수 없다. 내면의 탐구나 개인적인 힐링만을 이야기하는 것이 아니다. 가족 간의 대화에서부터 시민사회에 이르기까지 여러 차원에서 공동의 세계를 튼실하게 가꿔가야 한다. 그러려면 생각과 소통의 회로가 원활하게 뚫려야 하고 저변에 흐르는 감정이 부드러워야 한다. 그러한 마음의 생태계를 어떻게 빚어낼 것인가.

유머가 하나의 효과적인 전략이 될 수 있다. 유머러스한 발상과 표현은 사물을 참신하게 바라보는 시선을 열어준다. 에고의 집착을 풀고 상생의 기쁨으로 나아가는 길잡이가 되어준다. 무한 성장에 대한 환상과 강박을 내려놓고 '좋은 삶'이 무엇인지를 질문해야 하는 지금, 유머는 삶의 가능성을 다각적으로 탐색하는 정신의 놀이다. 격조 있는 농담 한마디를 주고받으며 존재가 고양되는 경험을 여러 만남에서 나누자. 그를 통해 우리가 원하는 세상의 밑그림을 그려보자. 유머는 심오한 미덕이요 경쾌한 시대정신이다.

1부
나는 웃는다,
고로 존재한다

함께 웃지 못하는 웃음은 폭력이다. 웃는 자와 웃음거리가 되는 자 사이에 메울 수 없는 간극이 생긴다. 한쪽에서는 고통에 시달리거나 수치심에 빠져 있는데, 다른 쪽에서는 그것을 바라보면서 희희낙락하는 구도가 만들어지는 것이다.

1. 웃음의 기원

인간에게 얼굴은 가장 중요한 신체 부위 가운데 하나다. 호흡과
음식물 섭취를 담당하고 시각·청각·후각·미각을 관장하는 기관들
이 집중되어 있기 때문이다. 그런데 얼굴은 생리적 차원에서만이
아니라 사회적 차원에서도 매우 중요한 기능을 수행한다. 복면강도
처럼 얼굴을 헝겊으로 감싼 사람과는 온전하게 소통하기 어려울 것
이다. 얼굴은 대인 관계의 통로이기 때문이다. 입과 귀로 말을 주고
받고, 눈으로도 많은 메시지를 발신하며, 고개를 끄덕이거나 가로
젓는 것으로도 의사를 전달한다. 또 한 가지 중요한 것이 바로 표정
이다. 인간의 얼굴에는 40여 개의 근육이 분포되어 있어 미묘한 감
정들을 섬세하게 표현할 수 있다.

감정 가운데는 상대방에게 꼭 표현하지 않아도 되는 것, 때론 감

추는 편이 좋은 것이 있는가 하면, 반드시 겉으로 드러내야 하는 것이 있다. 예를 들어 분노, 두려움, 외로움, 수치심, 질투심 등은 숨겨도 무방할뿐더러 오히려 도움이 될 때도 많다. 명백하게 표출하지 않아도 무표정으로 암시되기도 한다. 하지만 기쁨, 반가움, 놀라움, 감사함 등은 어떤 식으로든 표현하는 편이 좋다. 그렇지 않으면 상대방이 섭섭해하거나 자칫 오해를 불러일으킬 수 있어 인간관계에 문제가 생기기 십상이다.

그런 감정을 전하는 통로는 주로 웃음이다. 웃음은 거의 모든 경우, 누군가와 함께 있을 때 발생한다. '남몰래 흘리는 눈물'은 자연스럽지만, 혼자 피식피식 웃으면 사뭇 어색하고 겸연쩍다. 웃음은 사회적인 속성이 강하기에, 다른 사람들을 만나고 대화를 나눌 때 자연스럽게 피어난다. 만일 절대로 웃으면 안 된다는 룰을 정해놓고 열리는 파티를 상상해보자. 파티라고 할 수 없을 것이다. 누군가를 만났을 때 말로는 반갑다고 하면서 아무런 표정을 짓지 않는다면 어떻게 될까. 상대방에 대한 거부나 적대감으로 받아들여질 수 있다. 관계 맺기와 소통에서 웃음은 필수 불가결한 채널이다.

그런데 질병으로 인해 웃음을 잃게 되는 경우가 있다. 고 스티븐 호킹 박사로 인해 널리 알려진 루게릭병(근위축성측색경화증)에 걸리면, 운동신경세포가 서서히 퇴화해 온몸이 굳어가다가 호흡 기능 부전으로 사망에 이른다. 말기에는 얼굴근육이 마비되고 눈동자도 움직일 수 없기에 표정을 짓지 못한다. 파킨슨병도 표정을 굳게 만드는데, 가족들은 환자의 그런 사정을 잘 알면서도 소통에 어려움을 겪는다고 한다. 더욱 놀라운 것은 표정이 사라지면 다른 사람의 감정을 받아들이는 능력도 쇠퇴한다는 점이다. 표정은 발신만이 아니라 수신의 통로이기도 한 것이다.

유아기에 웃음을 잃을 수도 있는데, 자폐증이 그러하다. 자폐아들은 아예 웃지 않거나 혼자 있을 때만 웃는다. 다른 사람들과 함께 웃지 않는다. 그들은 '사물'의 객관적인 특성에만 주의를 기울이고 인간의 얼굴에 나타나는 정서적인 특징은 무시한다고 한다. 그래서 얼굴을 볼 때나 자동차, 건물 등을 볼 때나 뇌에서 활성화되는 부위가 똑같다.* 얼굴로 감정을 드러내고 상대방의 표정을 통해 감정을 파악할 수 없으니, 인간관계를 맺기 어려운 것이다.

웃는 표정은 그 사람의 개성을 잘 드러낸다. 어떤 사람을 너무 오랜만에 만나 기억이 잘 떠오르지 않을 때, 상대방이 웃는 표정을 하면 누구인지 알아차리는 경우가 있다. 바로 그런 이유로, 간첩 훈련에서도 웃음을 자제하도록 교육받는다고 한다. 아무리 얼굴에 변장을 해도, 웃는 표정을 지으면 그 정체가 탄로 날 수 있기 때문이다. 웃음에는 그 사람의 고유한 특징이 담겨 있다. 우리가 얼굴을 마주 보며 웃을 때 저마다의 내밀한 인격이 자연스럽게 흘러나온다.

그래서 웃음을 넉넉하게 공유하는 관계에서는 소통이나 협력이

* 　마리안 라프랑스, 『웃음의 심리학』, 윤영삼 옮김, 중앙북스, 2012, 122~23쪽.

원활하게 이뤄진다. 아이의 재롱이나 개그 프로그램을 보면서 함께 웃을 수 있는 부부는 갈등이 생겨도 쉽게 풀어낸다. 또한 강의를 하는 사람들이 흔히 경험하는 것인데, 의도적이든 비의도적이든 청중들의 웃음을 한 번 빵 터뜨리면 그다음부터는 강의가 순조롭게 흘러간다. 낯선 사람들이 서로에 대한 경계 태세를 내려놓게 하는 데 웃음만큼 효과적인 것은 없다.

웃음의 효능은 의외의 공간에서 발휘되기도 한다. 미국에서 슈퍼마켓을 털다가 붙잡힌 강도들을 대상으로 설문 조사를 한 적이 있다. 가게의 분위기가 범죄 충동에 어떤 영향을 끼치는지를 질문했는데, 흥미롭게도 종업원이 웃는 표정을 짓고 있으면 섣불리 범행에 나서기가 어렵다는 결과가 나왔다. 왜 그럴까? 상대방이 웃고 있으면 친밀감이 느껴지고, 따라서 흉기를 꺼내 들기가 망설여진다는 해석이 있다. 또 다른 해석도 가능하다. 종업원의 미소는 그 공간이 안전하다는 것을 암시하는 신호가 아닐까. 웃음은 기본적으로 타인에 대한 신뢰를 바탕으로 생겨난다. 모종의 사회적 유대가 깔려 있는 장소에서는 강도가 범행을 저지르기가 쉽지 않은 것이다.

웃음이 위험한 상황을 돌변시킨 사례도 있다. 미국이 이라크와 전쟁을 벌일 때의 일이다. 열 명 남짓의 미군이 구호물자 배분에 대해 의논하기 위해 어느 마을의 사제를 찾아 사원을 들렀다. 그런데 무슨 영문인지, 인근의 주민들 수백 명이 몰려와서 병사들을 에워쌌다. 몹시 성난 얼굴로 고함을 지르며 손을 높이 치켜들고 중무장한 미군들을 압박했다. 총기를 들고 있긴 했지만, 워낙 중과부적이라 순식간에 공포감이 밀려들었다. 자칫 참사가 일어날 수도 있는 일촉즉발의 상황이었다.

바로 그때, 미군의 지휘관이 기지를 발휘했다. 그는 병사들에게 한쪽 무릎을 꿇고 총구를 바닥으로 기울이라고 지시했다. 그다음 결정적인 한마디를 외쳤다. "Smile!" 병사들은 얼떨떨했지만 어색하게나마 웃음을 지었다. 어떻게 되었을까? 성난 주민들의 마음이 누그러지면서 그들의 얼굴에도 미소가 감돌았다. 지휘관은 병사들에게 웃는 표정을 유지하면서 물러나도록 인솔했다. 주민들 가운데 일부는 병사들을 툭툭 치면서 친밀감을 표시하기도 했다.[*]

이런 사례를 통해 웃음의 본질을 탐색해볼 수 있다. 아마도 웃음은 아득한 옛날부터 집단이 생존하는 데 심리적 안전을 확보하는 중요한 역할을 담당하지 않았을까. 언어가 아직 형성되지 않았던 시기부터 웃음은 사람들 사이에 감정의 기반을 형성하는 기제가 아니었을까. 공동체와 소속감이 중요한 인류에게 웃음은 사회적 유대를 확인하고 강화하는 원초적인 언어였을 것이다.

또 한 가지가 있다. 사냥을 하며 살던 원시인들은 맹수들의 습격에 늘 노출되어 있었다. 극도의 두려움이 수반되는 상황이다. 그런데 가끔 그 공포감에서 해방되는 순간이 있다. 얼씬대던 맹수가

---

[*]　　대니얼 골먼, 『SQ 사회지능』, 장석훈 옮김, 웅진씽크빅, 2006, 14쪽.

사라졌다거나, 뭔가 꿈틀거려서 사자일까 불안했는데 알고 보니 사슴이었다거나 할 때 말이다. 바로 그때, 그것을 가장 먼저 확인한 사람이 안심해도 좋다는 메시지를 웃음으로 발신했으리라는 견해가 있다. 목숨을 잃을 수도 있는 크나큰 위협에서 자유로워졌음을 다 함께 확인할 때, 조여 있던 가슴에서 터져 나오는 탄성이 자연스럽게 웃음이 되었는지도 모른다.

웃음이 안도감을 확산시키기 위한 신호였으며, 오랫동안 환경에 적응하는 과정에서 발달된 소통 수단이었다는 가설은 많은 것을 시사한다. 예나 지금이나 안전은 생명 유지의 절대 조건이다. 웃음은 물리적으로 안전한 공간에서 쉽게 터져 나온다. 그런데 안전함은 물리적인 차원에서만이 아니라 사회적으로도 보장되어야 한다. 자신이 있는 그대로 받아들여지는 공간에서 자연스럽게 샘솟아 번져 나가는 웃음은 억누르기 어렵다. 마음속에서 우러나오는 웃음, 그 에너지로 충전되는 관계는 행복을 가늠하는 중요한 지표다.

2. 웃음의 효능
―기쁨의 생리학

> 그 자리에 땅을 파고 묻혀 죽고 싶을 정도의 침통한 슬픔에 함
> 몰되어 있더라도, 참으로 신비로운 것은 그처럼 침통한 슬픔
> 이 지극히 사소한 기쁨에 의하여 위로된다는 사실이다. 큰 슬
> 픔이 인내되고 극복되기 위해서는 반드시 동일한 크기의 커다
> 란 기쁨이 필요한 것은 아니다. 작은 기쁨이 이룩해내는 엄청
> 난 역할이 놀랍다.
>
> ―신영복, 『감옥으로부터의 사색』에서*

"웃음은 살아 있는 모든 존재 가운데 인간에게만 주어진 것이
다"라고 아리스토텔레스는 말했다. 하지만 엄밀하게 말해, 다른 동
물들도 웃는다. 포유류에서 웃음은 널리 나타나고, 심지어 쥐들은
소리도 내면서 웃는 것으로 밝혀졌다. 심리학자 자크 팬스키프Jaak
Panskeep 교수가 실험을 통해 입증했는데, 사람이 손으로 등과 목
주변을 간지럽히면 기분이 좋아서 끽끽 소리를 낸다.** 쥐가 그러할

---

*   신영복, 『감옥으로부터의 사색』, 돌베개, 1998, 47~49쪽.
** 유튜브에서 'See What Happens When You Tickle a Rat'이라고 입력하면, 흥미로운 동
    영상을 볼 수 있다.

진대 개나 고양이가 웃지 않는다고 단정하기 어렵다. 실제로 그들의 얼굴 표정으로 감정을 어느 정도 파악할 수 있고, 개들은 기분이 아주 좋으면 헥헥거리는 소리까지 낸다. 영장류들은 어떤가. 침팬지들이 장난을 칠 때의 얼굴을 보면 즐거운 감정이 잘 드러난다.

그런데 그들의 웃음은 생리적 반응이나 단순한 감정 표현에 국한될 뿐, 인지적인 차원에서는 웃음이 별로 유발되지 않는다. 예를 들어 원숭이가 원숭이처럼 생긴 돌을 보고 웃는다거나, 개가 자기 주인이 아기처럼 춤추는 광경을 보고 깔깔대는 일은 없다. 그러니까 어떤 대상이나 경험에서 다른 무언가를 연상하면서 즐거움을 느끼지는 못하는 것이다. 의미 세계가 비좁고 정신 구조가 단순하기 때문이다. 반면에 인간의 웃음은 복잡한 코드를 내포한다. 웃음은 간단한 신호지만, 그것을 통해 다채로운 의미와 감정을 주고받는다.

인간에게 웃음이 각별히 중요한 까닭이 있다. 유아기의 인간은 다른 동물들에 비해 어미와의 정서적 유대가 유난히 두텁다. 아직 언어를 습득하지 못한 상태에서 아기는 엄마와 어떻게 교감하는가? 울음과 웃음이다. 이 경우 울음은 다분히 생리적인 기능을 지닌 데 비해, 웃음은 심리적인 현상이다. 그렇다면 아기는 태어나서 몇 개월 만에 웃음을 지을까? 생후 1~2개월에 나타나는 배냇짓은 생리 현상일 뿐이며, 기분이 좋아서 웃는 것은 생후 3~4개월 정도에 시작된다.

'아, 이 아이가 나를 알아보는구나.' 엄마는 자녀가 최초로 발신하는 언어인 웃음을 마주하면서 황홀해진다. 아기의 웃음은 양육자의 풍부한 육아 행동을 이끌어내는 본능적인 행동이라고도 할 수 있다. 인간이 태어나 서서히 상대방을 의식하면서 정서적인 반응을 보이는 행위, 타인과 관계를 맺기 시작하는 통로가 웃음이다. 울음이 두려움과 결핍을 드러내는 일방적인 신호라면, 웃음은 상호작용의 어울림이다. 그 시기에 학대나 방임으로 웃음을 박탈당한다면, 이후 성장 과정에 심각한 결함으로 남게 된다.

아이들은 자라나면서 울음의 빈도가 줄어들고 웃음이 늘어난다. 이런저런 상황에서 여러 사람들과 웃음을 주고받는다. 아이는 웃는 능력을 통해 공동체 구성원의 멤버십을 획득한다고 할 수 있다. 어느 인디언 부족은 아이가 첫 웃음을 터뜨리면 마을 전체가 감사와 축하의 잔치를 열었다. 그리고 '웃음 부모'라는 것도 있었다. 아이가 부모 이외에 처음으로 웃음을 건넨 어른이 그 주인공이 된다. '웃음 부모'는 아이가 살아가면서 부딪히는 어려움을 상의하고 나누는 일종의 멘토 노릇을 하는데, 평생 동안 그 관계가 공동체 안에서 지속된다.

웃음은 자동 발생하는 몸의 반응이고 본능의 영역으로 보인다. 웃음이 나오려고 할 때 참기 어려운 만큼, 원초적인 에너지가 작동하는 듯하다. 울다가 웃으면 놀림을 당하기도 하는데, 그래도 웃음이 통제되지 않는다. 웃음을 관장하는 근육들은 여러 가지가 있지만, 마음대로 할 수 있는 수의근隨意筋과 마음대로 할 수 없는 불수의근不隨意筋으로 나뉜다. 전자는 입 주변의 근육이고, 후자는 눈가의 주름살 근육이다. 그래서 억지웃음을 지을 때는 입꼬리만 올라가고 눈은 그대로다. 예식장에서 사진사가 "자 웃으세요"라고 해도 어색한 미소밖에 나오지 않는 것은 눈가의 주름살 근육을 마음대로 움직일 수 없기 때문이다. 그때 누군가가 웃긴 말 한마디를 던지면, 순식간에 함박웃음이 터진다.

그 자연스러운 웃음을 '뒤센 미소'라고 하는데, 입꼬리가 올라가고 볼의 윗부분이 들리면서 눈가에 까마귀 발자국처럼 주름이 지는 모양이다. 그 특징을 처음 밝혀낸 19세기의 신경심리학자 기욤 뒤센Guillaume Duchenne의 이름을 따서 붙여진 명칭이다. (그것과 대비를 이루는 것은 '팬아메리칸 미소'로서, 팬아메리칸 항공사의 승무원들이 서비스의 일환으로 보여주는 억지웃음을 빗대어 붙여진 이름이다.) 뒤센 미소는 정말로 뭔가가 웃기다거나 상대방에게 호감이 느껴질 때와 같은 어떤 긍정적인 에너지가 솟구칠 때만 생겨난다. 우리는 상대방의 웃음에 마음이 담겨 있는지 아닌지 직감으로 알아차린다. 웃음은 대인 관계의 바탕 화면이다.

웃음은 인류의 공통 언어다. 그리고 아득한 선사시대부터 지금까지 거의 변하지 않은 신호다. 웃음에는 세 가지 신체적인 움직임이 섞여 있다. 표정, 목소리, 몸동작이다. 웃음이 커질수록 후자 쪽의 반응이 수반된다. 박장대소를 할 때는 스스로 몸을 가누기가 어려울 정도로 앞으로 구부러지고, 심할 때는 말 그대로 '뒤집어지기'

도 한다. 직립 덕분에 홀가분해진 흉부가 호흡을 조절해주고, 가로막과 갈비뼈 근육이 빠르게 움직이면서 까르르하는 웃음이 터지는 것이다. 간지럼을 태울 때 일어나는 반사적인 움직임이 그대로 나타나는데, 감정이 일으키는 신체 반응 가운데 웃음이 가장 격렬한 편이다.

동물학자 데즈먼드 모리스는 인간이 웃을 때 나타나는 동작을 다음과 같은 요소들로 짚어내고 있다. ① 야유와 고함을 치고, ② 입을 활짝 벌리고, ③ 입가를 뒤로 당기고, ④ 코를 찡그리고, ⑤ 눈을 감고, ⑥ 눈가에 주름을 만들고, ⑦ 울고, ⑧ 머리를 뒤로 젖히고, ⑨ 어깨를 들썩이고, ⑩ 허리를 흔들고, ⑪ 몸을 부딪치고, ⑫ 발을 구른다.* 가벼운 미소는 이 가운데 한 가지만 나타나고, 배꼽을 잡거나 복통이 일어날 정도의 폭소에는 위의 '증상'들이 모두 나타난다. 심한 경우, 요실금까지 일어난다.

울음이 그러하듯 웃음도 그 기능이 단지 감정 표현에 그치지 않는다. 심리적으로 그리고 생리적으로 치유의 효과도 지니고 있다. 실컷 울고 나면 정화된 느낌이 드는 것처럼, 웃음도 가슴을 후련하게 한다. 그래서 웃음 치료라는 것이 생겨났다. 웃음은 신체의 긴장을 완화시키면서 기능 저하를 막아준다. 혈관의 내벽을 확장시켜 혈액순환을 원활하게 해서 심혈관 질환을 예방하고 치료한다. 아울

* 데즈먼드 모리스, 『맨워칭』, 과학세대 옮김, 까치, 1994, 68쪽.

러 스트레스 호르몬인 코르티솔을 줄여 부정맥이나 심장마비의 위험을 떨어뜨리고, 건강한 신경 전달 물질을 분비하도록 한다.

웃음은 질병을 예방하기도 한다. 정신신경면역학이라는 분야의 연구에 따르면, 호흡수를 늘려서 관련 장애도 줄여주고 백혈구의 생성을 도우면서 면역력도 높여준다. 진통에도 효험이 있는데 세로토닌과 엔도르핀이 늘어나기 때문이다. 한참 웃은 다음에 아주 차가운 물에 손을 넣고 견디는 시간을 재보면, 평상시보다 훨씬 더 오래 버틴다고 한다. 이런 웃음의 여러 가지 효능을 활용한 '클라운 세라피'라는 것이 미국의 여러 병원에서 시행되고 있다. 이른바 '병원광대hospital clown'가 딸기코 등의 우스꽝스러운 분장을 하고 병실을 돌아다니면서 환자들에게 웃음과 위로를 주는데, 의사가 직접 나서기도 한다. 실화를 바탕으로 제작된 영화「패치 아담스」(감독: 톰 새디악)에 그런 장면들이 나온다.

꼭 아프지 않더라도, 정신없이 웃다 보면 몸이 확 달라지는 것을 느낀다. 크게 웃으면 복식호흡을 하면서 이산화탄소를 힘차게 뱉어내고 신선한 산소를 대량으로 흡수하게 된다. '포복절도'를 하면 자연스럽게 복근 운동이 이뤄지고 내장이 활발하게 움직이면서, 마치 달리기할 때처럼 기운이 생동한다. 그래서 웃음을 '체내 조깅'이라고도 한다. 실제로 체력 향상에도 효과가 입증되었다. 팔씨름으로 실험을 해보면, 막상막하로 졌던 사람이 30초 정도 웃고 나서 다시 시합을 할 때는 이기는 경우가 꽤 많다고 한다.

웃는 모습 그리고 웃음이 유발하는 생리적 효과는 비슷하지만, 그 원인은 다양하고 인간의 발달단계에 따라 변해간다. 언어를 습득하기 전에는 단순한 자극에 웃음이 터진다. 예를 들어 어른들이 배에다가 입을 대고 푸후후 하고 불거나, 하늘 높이 몸을 들어 올려주면 자지러진다. 상대방이 잠깐 숨어 있다가 까꿍 하고 소리를 내면서 고개를 내밀어도 깔깔거린다. 인지가 발달함에 따라 웃음의 코드는 점점 정교해진다. 추상적인 개념을 이해하고 구사하는 능력이 신장되면서 유머의 세계로 한 걸음씩 진입한다. 수수께끼나 말장난을 하면서 기호에 담긴 의미를 가지고 노는 재미를 알게 되고, 정신의 부피와 삶의 반경은 한결 광활해진다. 그 단계에서 웃음은 상징을 매개로 감정이 작동하는 몸의 현상이라고 할 수 있다. 논리, 심리, 생리의 세 차원이 맞물리면서 일어나는 존재의 파동이 바로 웃음이다.

3. 웃음이 폭력이 될 때

웃음은 악마적인 것이다. 말하자면 그것은 인간의 무한한 위
대함의 징표인 동시에 무한한 보잘것없음의 징표이다.

—보들레르

다음은 신문에서 본 기사 내용이다. 한 중국인 이주 노동자가 공
장에서 일을 하는데, 아직 한국어가 서툰 상태였다. 어느 날 사장이
무언가를 지시했고, 그 말을 바로 알아듣지 못한 그는 미안한 마음
에 웃음을 지었다. 겸연쩍은 심정을 웃음으로 표현한 것이다. 그런
데 자기 말을 무시하고 비웃는다고 생각한 사장은 폭력을 행사했고,
그는 그에 맞서 주먹을 휘두르다가 큰 싸움이 되어버렸다. 이 사례
에서도 볼 수 있듯이 웃음은 매우 단순한 신호지만, 여러 가지 메시
지로 해석되면서 엉뚱한 오해와 갈등이 빚어지기도 한다. 표정은
똑같은데, 완전히 반대의 태도와 감정이 담길 수 있는 것이다.

이런 오해가 종종 생겨나서 그럴까. 어떤 문화권에서는 웃음을
최대한 자제한다. 예를 들어, 러시아에서는 처음 만난 사람에게 빙그
레 웃으며 인사하면 비웃음으로 여겨지기 쉽다. 기업 간 협상 자리

에서도 웃는 표정을 지으면 접대용 미소로 생각해 신뢰를 잃을 수 있다. 차라리 무표정을 띠는 편이 낫다. 물론 친해지고 나면 웃음이 자연스럽게 오간다. 러시아를 방문하거나 그 나라 사람들을 만날 때 유념해두어야 할 점이다.

웃음의 스펙트럼은 매우 폭넓고, 거기에 내포되는 감정도 사뭇 다채롭다. 웃음을 유발하는 원인을 보자. 간지럼, 지각의 착란,* 반가움, 승리감, 뿌듯함, 감격, 즐거운 회상, 안도감, 미안함, 겸연쩍음, 당혹스러움, 창피함, 허탈함,** 히스테리…… 이렇듯 웃음의 성격이 다채롭다 보니, 웃음을 묘사하는 표현도 매우 풍부하다. (반면에 울음과 관련된 표현들은 훨씬 적다. 엉엉, 흑흑 / 울먹이다, 흐느끼다, 훌쩍이다, 울부짖다 / 절규, 읍소, 대성통곡 정도다.) 한국어에서 웃음과 관

---

* 『놀이와 인간』의 저자 로저 카이와는 재미의 한 영역으로 '일링크스llinx'를 제시했는데, '일시적으로 지각의 안정이 파괴되어 생겨나는 의식의 관능적 패닉 상태'라고 풀이된다. 어른이 아기를 높이 들어 올려줄 때, 어른들끼리 행가래를 칠 때, 아찔한 놀이기구를 탈 때 느끼는 쾌감을 말한다.

** 도스토옙스키의 『죄와 벌』에서 주인공 라스콜니코프는 전당포 노파와 그의 여동생을 살해하고 난 후 넋이 나간 채로 집에 처박혀 지내다가 경찰서 소환장을 받고 나서 이렇게 중얼거린다. '아니, 언제 이럴 만한 일이 생겼지? 나로 말할 것 같으면 경찰 쪽에는 아무런 용건도 없는걸! 또 하필이면 왜 오늘이야?' 그는 고통스러운 의혹에 사로잡혀 생각했다. '주여, 한시라도 빨리!' 그는 무릎을 꿇고 기도를 하려다가 스스로도 웃음을 터뜨렸는데, 딱히 기도 때문이 아니라 자기가 생각해도 스스로가 가당찮아서였다. 그는 서둘러 옷을 입기 시작했다. '망하면 망하는 거다. 상관없어! 그 양말도 신어버리자!' 〔……〕 하지만 정작 신었을 때는 당장에 혐오와 공포가 밀려와 냅다 벗어 던졌다. 한데 벗어 던지고 보니 다른 양말이 없다는 생각이 들어 또다시 집어 신었고 또다시 웃음을 터뜨렸다. 〔……〕 웃음은, 그러나, 이내 절망으로 바뀌었다. 표도르 도스토옙스키, 『죄와 벌 1』, 김연경 옮김, 민음사, 2012, 170~71쪽.

련된 부사, 형용사, 동사, 명사를 살펴보자.

하하, 히히, 헤헤, 호호, 후후, 흐흐, 까르르, 싱긋(생긋), 방긋,
빙긋, 방실, 빙그레, 싱그레, 방글방글, 싱글벙글, 히죽히죽,
키득키득, 실실, 피식, 깔깔, 껄껄, 낄낄, 킥킥

음흉하다, 가소롭다, 씁쓸하다

키득거리다, 이죽거리다, 빈정대다, 빵 터지다, 깔깔대다, 자
지러지다, 뒤집어지다, 배꼽 잡다

웃음꽃, 함박웃음, 너털웃음, 억지웃음, 파안대소, 박장대소,
포복절도, 요절 복통, 폭소, 코웃음, 눈웃음, 헛웃음, 비웃음,
썩소, 실소失笑, 미소, 홍소哄笑, 냉소 ······

이렇듯 웃음에는 여러 가지 '결'이 있기 때문에 그 뜻을 식별하
기 쉽지 않을 때가 많다. 문자 메시지를 보낼 때 'ㅋㅋ'이라고 써서
보냈는데, 이것을 받은 쪽에서는 '킥킥'이라고 읽을 수도 있고 '크크'
라고 읽을 수도 있다. 'ㅎㅎ'은 더 헷갈린다. 하하, 히히, 헤헤, 호호,
허허, 후후 등 여러 가지로 해석될 수 있으니까. 발신자는 '하하' 하
고 가볍게 웃음을 던진 반면, 수신자가 '히히'로 들으면서 모멸감을
느낄 수도 있다. 그래서 웃음이 뜻하지 않은 갈등을 낳기도 한다.
반면 울음은 오해를 빚는 경우가 거의 없다.

웃음은 불쾌함이나 두려움 같은 부정적 감정을 유발할 수 있다.

'악마의 미소'는 종종 이야기되지만 '악마의 울음'은 드물거니와, 만일 악마가 운다면 악마성이 퇴색될 것이다. 웃음은 권력의 징표가 되기도 한다. 음흉한 계략을 품고 있을 때도 넌지시 웃음을 흘린다. 괴기 만화에서는 그것을 '후후후'라는 의성어로 종종 표현한다. '네 운명은 내 손아귀에 들어 있어.' 그런 확신과 여유에서 나오는 웃음이다. 누구나 자신을 섬뜩하게 했던 웃음의 기억을 갖고 있을 것이다.

기분 나쁜 웃음의 한 가지 전형이 비웃음이다. 비웃는다는 것은 상대방 또는 제삼의 누군가를 대상화하여 비하하는 것으로, 웃는 사람과 웃음거리가 되는 사람이 이분화된다. 반면에 기분 좋은 웃음은 즐거움에 모두 동참하는 웃음이다. 거기에는 정서적인 유대가 든든하게 깔려 있다. 그래서 설령 누군가를 대상화한다 해도, 그 당사자도 기꺼이 스스로를 희화화하면서 즐거움을 나눌 수 있다. 미국의 교육사상가 파커 파머는 좋은 웃음과 나쁜 웃음의 차이를 어릴 때 확실하게 배웠다고 회고한다.

> 나는 많이 웃는 가정에서 성장했다. 부모님은 우리가 다른 사람을 향해 웃는 것(나쁜 짓)과 다른 사람과 함께 웃는 것(좋은 일)의 차이를 확실하게 알려주셨다. [……] 공감 어린 웃음은 인간 누구나 공유하는 조건을 깨달았을 때 마음에서 우러나오는 슬픔과 기쁨이 뒤섞인 웃음이다. 서로 함께 웃음은 공감의 한 형태이고, 이것이 신뢰의 서클 안을 떠다니는 웃

음이다.*

좋은 웃음과 나쁜 웃음을 가르는 기준은 결국 '공감'이다. 독일의 문학비평가 한스 로베르트 야우스Hans Robert Jauß도 비슷한 관점으로 웃음을 구별하는데, '우월의 웃음Lachen über'과 '일치의 웃음Lachen mit'이 그것이다. 전자가 견제, 항의, 비난, 조롱의 웃음이라면, 후자는 연대, 결속, 포용, 연민적인 아픔, 애타의 웃음이다.** 비난이나 조롱의 웃음을 언제나 자제해야만 하는 것은 아니다. 그 대상이 권력자일 경우, 저항의 표현이 될 수 있기 때문이다. 풍자는 강자를 견제하는 수단이 된다. 하지만 그 대상이 약자일 때는 폭력이 된다.

근대 이전에는 웃음이라고 하면 주로 비웃음을 가리켰다. 고전 문헌에서 그 점을 확인할 수 있고, 유대교나 기독교, 이슬람교에서도 긍정적인 웃음은 거의 언급하지 않는다. 『구약성서』에는 웃는 장면이 스물아홉 번 나오는데, 그 가운데 스물일곱 개가 경멸이나 조롱이다.*** 동양 고전의 사정도 크게 다르지 않은데, 예를 들어 『도덕

* 파커 J. 파머, 『온전한 삶으로의 여행』, 윤규상 옮김, 해토, 2007, 205쪽.

** 김유정탄생100주년기념사업추진위원회 편, 『한국의 웃음문화』, 소명출판, 2008, 397쪽에서 재인용.

*** 한 가지 예로, 「열왕기하」 2장 23~24절을 보자. "엘리사가 그곳을 떠나 벧엘로 갔다. 벧엘로 가는 길에 어린아이들이 성에서 나와 엘리사를 조롱하며 말했다. '가거라, 이 대머리야. 가거라, 이 대머리야.' 엘리사가 몸을 돌려 그들을 바라보며 여호와의 이름으로 저주했다. 그러자 암곰 두 마리가 숲에서 나와 어린아이 마흔두 명을 찢어 죽였다."

경』에 이런 구절이 있다. "낮은 수준의 선비가 도를 들으면 크게 비웃을 것이니, 비웃음 당하지 않는다면 도가 되기에 부족할 것이다下士聞道 大笑之 不笑 不足以爲道"(41장). 여기서 '笑'자가 비웃는다는 뜻으로 쓰이고 있다.

함께 웃지 못하는 웃음은 폭력이다. 웃는 자와 웃음거리가 되는 자 사이에 메울 수 없는 간극이 생긴다. 한쪽에서는 고통에 시달리거나 수치심에 빠져 있는데, 다른 쪽에서는 그것을 바라보면서 희희낙락하는 구도가 만들어지는 것이다. 그렇듯 웃음의 주체와 대상이 양분되는 경우는 한국 사회에서도 자주 발견된다. 「환도열차」라는 연극에 그런 현실이 연상되는 대목이 있다.

「환도열차」는 시나리오 작가이자 연출가인 장우재가 2014년 무대에 올린 작품으로, 독특한 상황 설정이 눈길을 끈다. 1953년 한국전쟁이 중지된 직후 부산에 있던 피란민들이 서울로 돌아오기 위해 열차를 탔는데, 엉뚱하게도 60년이란 시간을 훌쩍 건너뛰어 서울역에 도착한다. 탑승했던 사람들은 모두 죽고, 남편을 찾아 서울로 온 주인공 '지순'만이 유일하게 살아남았다. 이 연극은 60년 전에 살았던 한국인의 시선으로 우리의 자화상을 비추고 있다. 연극 속에 이런 장면이 있다. '지순'은 서울역에서 한국전쟁 당시 어느 피란민 가족이 부둥켜안고 이별하고 배웅하는 모습을 밀랍 인형의 형태로 전시하고 있는 것을 본다. '지순'은 지금 한국 사람들은 오래전에 있었던 비극적인 일을 이렇게 우스꽝스럽게 바라보고 있느냐면서, 갑자기 떠오른 기억 하나를 꺼내놓는다.

> 아부지가 옛날에 얘기를 해 줬에요. 추운 날. 아주 추운 날. 사
> 당패 부부가 언 강을 건넜에요. 강이 얼어서 건널 만허겠다 그
> 렇게 생각했거덩요. 그런데 중간에 그만 폭 여자가 밑으로 꺼
> 졌에요. 남자가 가까이 가지도 못허구 물러서두 못허구 발광
> 을 했에요. 그런데 강둑에 서 있던 사람들이 그걸 보구 웃앴에
> 요. 사당패가 논다, 사당패가 언 강 한가운데서 춤추고 논다,
> 그러구요. 그 발광이 강둑에 서 있는 사람들헌테 우스꽝으로
> 보였던 거지요. 사당패니까, 웃음거리니까.
>
> 〔……〕
>
> 난 이릏케 버젓이 살아 있는데 나는 웃음거리가 돼가요. 그동
> 안 내 발은 점점 물속으로 빠져 들어가고 있에요.*

어이없는 상황이지만, 충분히 있을 법한 일이다. 아내가 물에
빠져 어쩔 줄 몰라 하며 몸부림치는 남편의 몸짓이 멀리서 보면 춤
추는 거로 보일 수 있다. (나쓰메 소세키의 소설 『나는 고양이로소이다』
의 한 대목이 오버랩된다. 떡을 훔쳐 먹은 주인공 고양이가 이빨에 떡이 물
려서 빼내려고 안간힘을 쓰다가, 결국 뒷발로 서서 앞발로 떡을 잡고 흔들어
댄다. 이것을 본 주인집 식구들은 고양이가 춤을 춘다면서 깔깔댄다.) 물론
이 장면은 단순한 착시錯視에 불과하지만, 작가는 거기에 빗대어 우
리 시대의 자화상을 비춰보고 있다. 지금 당사자는 목숨이 위태롭

---

*   장우재, 『환도열차』, 평민사, 2017, 129쪽.

고 절박한데, 사람들은 그것을 구경거리로 즐기는 상황 말이다.

타인의 고통을 웃음거리로 만들어 쾌감을 느끼는 병리적 증세까지는 아니어도, 상황에 대한 이해와 그에 따른 감정을 전혀 공유하지 못하는 경우는 아주 많다. 함께 살고 있지만, 정서적으로는 분단되어 있는 것이다. 고도성장의 결과, 외형적으로는 풍요로워졌지만 구체적인 생활 세계는 오히려 황량해졌음을 우리는 종종 실감한다. '행복'을 가늠하는 한 가지 지표로서, 함께 울고 함께 웃을 수 있는 사람이 얼마나 되는지를 따져보는 것은 어떨까. 다른 조건이 아무리 잘 갖춰져 있다 해도, 타인과 연결되고 공감하는 회로가 막혀 있다면 그것은 불행한 삶이 아닐까.

4. 웃음의 공동체를 향하여

인생은 사람들이 죽는 순간에도 즐거움을 멈추지 않는다. 마찬가지로 사람들이 웃을 때도 진지함을 멈추지 않는다.

—버나드 쇼

미국의 갤럽사가 2014년 143개국을 대상으로 '세계의 감정에 관한 조사Global Emotions'를 시행한 적이 있다. '긍정적인 감정을 경험하는' 나라의 순위를 보면 1위 파라과이, 2위 콜롬비아, 3위 에콰도르, 4위 과테말라, 5위 온두라스 등 중남미의 여러 나라가 석권했다. 미국은 25위, 독일은 34위, 프랑스는 37위, 중국은 45위, 영국은 49위, 일본은 83위였다. 그리고 한국은 121위로 나왔다.

긍정적인 감정의 경험을 어떻게 산출했는지가 궁금해진다. 다음과 같은 질문들로 설문을 실시했다.

— 어제 느긋하게 쉬었습니까?
— 당신은 어제 주변 사람들에게 존중받았습니까?
— 어제 뭔가 재미있는 것을 (배웠거나) 경험했습니까?
— 어제 미소를 지었거나 크게 웃었습니까?

한국이 낮은 순위를 기록한 까닭을 알 것 같다. 가파른 생존경쟁 속에서 일과 공부에 치이고, 많은 이들이 갑질에 시달리며 살아가지 않는가. 사는 게 온통 짜증이고 분노로 점철될 때가 많다. 웃고 싶어도 웃을 일이 없는 것이다.

또 한 가지 궁금해지는 것이 있다. 한국인들의 웃음은 예전보다 늘었을까, 아니면 줄었을까? 만일 50년 전에 똑같은 조사를 했다면, 그 결과가 어떻게 나왔을까? 갤럽의 조사는 2014년에 처음 실시되었기에 다만 추정해볼 뿐이다. 당시엔 군사정권의 삼엄한 통치하에서 정서적으로 억압되어 있었으니 지금보다 웃음이 더 드물었을 수 있다. 그러나 다른 한편으로 가족 구성원이 많고 친척들 사이에 왕래도 잦았으며 이웃과의 관계가 나름 돈독했기에 웃을 일이 더 많았을 수도 있다.

지금 한국 사회는 점점 개별화되고 있다. 일인 가구, 혼밥, 혼술 등이 급격하게 증가하는 추세로 집약되듯, 갈수록 많은 사람들이 고립되고 단절되어 살아간다. 각종 미디어에서는 온갖 흥미진진한 볼거리가 쏟아지지만, 마음 터놓고 대화를 나눌 사람은 별로 없다. 웃을 일이 점점 줄어든다. 가슴을 가득 채우는 웃음은 사람과 사람 사이의 관계 속에서 발생하기 때문이다. 철학자 앙리 베르그송은 웃음의 사회성에 대해 이렇게 설명한다.

웃음은 언제나 한 집단의 웃음이라고 할 수 있다. 아마도 당신은 기차나 음식점의 식탁에서 다른 여행객들이 이야기를 주고받는 것을 들은 적이 있을 것이다. 그들이 마음껏 웃는 것을 보면 그 이야기들이 그들에겐 우스운 것임이 틀림없다. 아마 당신이 그들과 같은 일행이었다면 그들처럼 웃었을 것이다. 그러나 그렇지 않기 때문에 당신은 웃고 싶은 마음이 조금도 없었던 것이다. 설교를 듣고 모든 사람이 눈물을 흘리는 가운데 유독 울지 않는 사람이 있어 물어보았더니 그는 이렇게 대답했다. '저는 이 교구 소속이 아니랍니다.' 이 사람이 눈물에 대해 생각하는 것을 웃음에 적용하면 더 지당한 것이 되리라. 사람들은 웃음이 솔직한 것이라고 생각하지만, 사실 웃음은 실제적으로 존재하든, 혹은 상상적으로이든 다른 사람들과의 합의, 즉 일종의 공범 의식 같은 것을 숨기고 있는 것이다.*

물론 기차나 식당에서 들려오는 다른 사람들의 이야기에 웃음이 흘러나올 수도 있다. 그러나 그 경우, 웃음을 감추려고 애쓸 것이다. 그렇지 않고 깔깔대고 웃는다면 이상한 사람 취급을 받기 십상이다. 하지만 대체로 그 말뜻을 정확하게 이해한다 해도, 웃음 자체가 나오지 않기 마련이다. 그 웃음은 일정한 기억과 정서를 공유하는 집단 속에서 터지는 것이기 때문이다. 그래서 동창들끼리 모이면 학창 시절의 시시콜콜한 일화들을 떠올리면서 낄낄거린다. 가족들이 옛날 사진첩을 들춰보며 시간 가는 줄 모른다. 외부인에게

* 앙리 베르그송, 『웃음』, 정연복 옮김, 세계사, 1992, 15쪽.

는 아무런 감흥이 없을 '콘텐츠'지만, 기억을 공유하는 구성원들 사이에서는 짜릿하고 유쾌한 전율을 일으킨다.

웃음은 마음에 진동을 일으켜 사람들 사이의 결속을 다져준다. 예를 들어 회식을 하는데, 어느 한쪽에서 폭소가 터져 나오면 주변에 있는 사람들은 뭐야 뭐야 하면서 끼어든다. 그리고 누군가가 던진 농담에 모두 깔깔대고 웃는데 나만 웃지 못한다면, 순간 외톨이가 된 듯 느끼면서 뭐가 그리 웃긴지 그 이유를 확인하고 싶어 한다. 기쁨의 자장에 동참하고 싶은 것이다. 웃음으로 접착되는 유대는 그만큼 매혹적이다.

당신의 생애를 '웃음'이라는 주제로 서술한다면 어떤 경험들이 나열되는가? 언제, 어디서, 왜, 누구와 함께 폭소를 터뜨렸는가? 바로 그것은 당신이 어떤 사람인지, 타인들과 어떤 관계를 맺고 살아가는지를 알려주는 중요한 단서가 될 수 있다. 웃음은 사람과 사람을 잇는 마음의 끈이기 때문이다. 우월의 웃음이 아니라 일치의 웃음, 그것이 빚어내는 공명의 자장은 울음까지도 넉넉하게 끌어안을 만큼 드넓다. 가슴으로 파동 치는 웃음은 다른 사람도 기쁨의 바다로 초대한다. 다음 글에서 소설가 김훈은 등산길에 마주친 장면 하나를 회상하고 있다.

여고생들이 한꺼번에 까르르 웃을 때, 어느 한 아이가 예쁜 것이 아니라 그들 집단 전체가 예쁘다. 언젠가 설악산에 갔을 때

수학여행 온 여고생들의 모습을 본 적이 있다. 여고생들은 숲 속으로 흩어져 끼리끼리 둘러앉아서 점심을 먹거나 놀이를 하고 있었다. 한 아이가 웃으면 일제히 다들 따라 웃어댄다. 나는 그 아이들이 예뻐서 등산길도 잊어버린 채 한동안 주저앉아 넋을 잃고 바라보았다.[*]

이와 비슷한 웃음의 광경을 접했거나 그 주인공이 되었던 기억이 떠오를 것이다. 그때 잠깐, 우리는 평소와는 다른 내가 되는 순간을 경험한다. 함께 어울리다가 박장대소가 터지는 순간, 그 누구도 남들이 나를 어떻게 보는지 신경 쓰지 않는다. 에고가 멈추고 자기로부터 자유로워진다. 자아를 잊고 대상이나 타인과 일체가 된 경지, 존재가 웃음으로 승화되는 것이다. 사람이 웃는 게 아니라 사람 자체가 웃음이 된다. 실제로 온몸과 온 마음으로 웃는다. 환희에 사로잡히는 그 절정의 시간, 우리가 꽃처럼 피어나는 순간이다.

지금 우리는 저성장 시대에 들어섰다. 외형적인 성취를 통해 행복감을 느끼기가 점점 어려워지는 상황이다. 게다가 수명 연장과 함께 노년이 길어지면서, 쇠퇴와 상실의 시간을 오랫동안 경험해야 한다. 이런 패러다임의 전환기에 적응하려는 움직임이 나타나고 있다. '소확행.' 작은 즐거움들에 눈뜨면서 지금 이 순간을 누리고 싶어 한다. '뭣이 중한디?' 가치의 우선순위를 점검하고 수정해야 한

[*] 김훈, 『밥벌이의 지겨움』, 생각의나무, 2003, 45쪽.

다는 자각과 제안이 나온다. 인문학에 대한 꾸준한 관심도 삶을 근본적으로 리모델링하려는 열망을 반영한다고 볼 수 있다.

물론 절박한 생존경쟁에 내몰리는 사람들에게 '소확행'이나 인문학은 한가한 이야기로 들릴 수 있다. 그럼에도 불구하고 삶을 되돌아봐야 한다면, 사회 전체의 기조와 관련해서다. 거대한 것에 대한 맹목적 추구, 상승 이동에 대한 강박에서 풀려나지 않으면 지금 점점 가속화되는 양극화를 멈추기 어렵다. 일상에서 소박한 기쁨을 발견하고 누리는 감수성이 절실하게 요구된다.

웃음이 새삼스러운 어젠다로 떠오르는 것은 바로 이런 맥락에서다. 웃음은 삶의 지표이자 삶을 빚어내는 원동력이다. 타인의 약점을 까발리면서 던지는 비웃음, 감정 노동자들이 모멸감을 느끼면서 짓는 억지웃음, 자신의 처지를 한탄하고 세상을 비관하는 냉소…… 이 모두는 병든 사회의 징후다. 무엇을 꿈꾸어야 할까. 모자라고 바보스러운 것을 있는 그대로 용납하면서 환대하는 함박웃음, 실패도 삶의 일부로 받아들이면서 재생의 힘을 북돋는 너털웃음, 깊은 애정과 신뢰가 깔려 있는 농담을 주고받으면서 터지는 폭소……

인류학자 테런스 디컨Terrence Deacon은 "웃음은 단순한 감정의 표현이 아니라, 일종의 정신적인 갈등 해결에 관여한다는 공적인 징후"*라고 말했다. 농담을 주고받을 수 있다는 것은 그만큼 가깝고 익숙하다는 것을 반증한다. '격의 없다'라는 표현에서, 격의隔意

란 '서로 거리를 두고 터놓지 않는 속마음'을 의미한다. 경계나 방어심리가 작동하지 않는 관계에서 농담이 스스럼없이 흐른다. 상대방에 대한 이해가 충분하고 체험과 정서의 맥락을 폭넓게 공유할 때, 몇 마디 단어나 짤막한 표현만으로도 의미의 압축 파일이 풀리면서 웃음이 터지는 것이다.

그러나 가까운 사이에서도 지켜야 할 선線이 있고, 절대로 건드려서는 안 될 아킬레스건도 있다. 아무리 친하다고 해도, 아니 친하기 때문에 더욱 조심해야 한다. 가까울수록 간격을 민감하게 의식해야 하는 것이다. 상대방에 대한 깊은 배려와 존중 위에서 친밀감은 지속 가능하다. 사람과 사람 사이의 적절한 거리와 거기에서 오는 건강한 긴장을 유지하는 감각이 필요한 까닭이다.

> 나와 너의 사이에서
> 바람이 불고, 비가 내리거나, 눈이 내린다
>
> 나와 너의 사이는
> 멀고도, 가깝다
> 그럴 때, 나는 멀미하고,
> 너는 풍경이고,
> 여자이고,
> 나무이고, 사랑이다

★ Jimmy Carr & Lucy Greeves, *Only Joking: What's So Funny About Making People Laugh?*, Gotham Books, 2006, p. 24에서 재인용.

내가 너의 밖으로 몰래 걸어 나와서
너를 바라보고 있을 즈음,

나는 꿈꾼다

나와 너의 사이가
농담할 수 있는 거리가 되는 것을

나와 너의 사이에서
또 바람이 불고, 덥거나, 춥다
　　　　　　　　─윤희상, 「농담할 수 있는 거리」*

　　시인은 '나와 너의 사이'를 잇는 거리가 '멀고도, 가깝다'라고 한
다. 그것이 '농담할 수 있는 거리가 되는 것'을 꿈꾼다고 한다. 멀리
두면서도 그 삶을 가까이 끌어당겨 클로즈업하고, 가까이 머물면서
도 멀리서 바라보는 시선으로 존재를 지탱해주는 마음…… 관계를
조율하는 그러한 원근법에서 웃음은 다채롭게 피어날 것이다.

　*　윤희상, 「농담할 수 있는 거리」, 『소를 웃긴 꽃』, 문학동네, 2007, 11~12쪽.

2부
유머의 문법

모든 유머에는 낙차가 있다. 의외성이 재미의 핵심이다. 갑자기
뒤통수를 얻어맞고 잠시 머리가 하얘질 때, '헛디디고 쓰러지는'
상태가 웃음으로 표출된다.

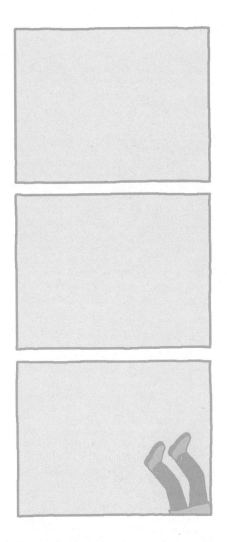

1. 유머의 개념과 역사

　유머의 사전적 정의는 '어떤 말이나 표정, 동작 등으로 남을 웃게 하는 일이나 능력. 또는 웃음이 나게 만드는 어떤 요소'다. 한국어에서 유머에 가까운 말은 '익살'이고, 한자어로 '해학諧謔'이나 '골계滑稽'가 있다. 유머의 스펙트럼은 매우 넓다. 그리고 예술, 대중문화, 학문, 교육, 종교, 정치, 사회운동 등 거의 모든 분야에서 경험된다. 연인이나 가족들 사이의 내밀한 공간에서 기업의 업무 현장이나 국제 회의장 등의 공공 영역까지, 자질구레한 인터넷 댓글에서 최고 수준의 문학작품에 이르기까지, 친숙한 지인들 사이뿐 아니라 전혀 모르는 타인들 사이에서도…… 인간이 모여 있는 곳이면 어디에서든 발생한다.

　또한 '유머'라는 단어는 세계에서 가장 널리 쓰이는 공용어 가운데 하나라고 할 수 있다. 영어, 불어, 독어, 이탈리아어, 스페인어, 네덜란드어, 헝가리어 등 유럽 대부분의 언어권에서는 물론이고, 러시아어에서도 '유모르юмор'라는 단어로 똑같이 사용한다. 서양의 여러 언어들이 서로 근접해 있기는 하지만, 뿌리를 더듬어보면 라틴어와 그리스어 등 상이한 계통이 존재한다. 그래서 추상적인 개념어의 경우 전혀 다르게 형성된 단어들이 많은데, 유머만큼은 그런 장벽을 넘어 광범위하게 공유하는 단어가 되었다. (그에 비해 'joke'나 'wit'는 언어권별로 다른 어휘군이 형성되어 있다.)

동아시아에서도 마찬가지다. 중국어에서도 '幽默'라고 표기하고 [yōumò]라고 발음한다. 중국인들은 외국 개념을 수용할 때 되도록 한자어에 의미를 담아 새롭게 조합해내는데, 유머는 그대로 옮겨다가 외래어로 정착시켰다. 한자를 썼지만 의미는 없고 음만 표기한 것(음을 빌려왔다고 해서 '음차音借'라고 한다)이다. 그것은 일본어의 'ユーモア'(유모아)를 중국이 수입했다고 봐야 한다. 한국어의 '유머'도 마찬가지다(1960년대까지 대중매체에서 '유모아'라고 표기했다). 19세기 말부터 20세기 초까지 이어진 메이지 시대에 일본의 지식인들이 서양의 문헌을 번역하면서 수만 개의 명사들을 한자어로 창안했는데(우리가 지금 흔히 사용하는 두 음절로 된 한자어들 대부분이 그때 만들어진 것으로, 조선 시대 유학자들에게는 생소한 말이다), 유머만큼은 번역하지 않고 외래어로 가져다 썼다. 그 의미를 담아낼 만한 한자어를 조합해내기가 어려웠다는 증거다.

서양 언어에서 원래 'humor'는 신체와 관련된 개념이었다. 고대 그리스에서는 인간의 몸에 혈액, 점액, 담즙, 흑담즙('멜랑콜리'가 바로 이것이다)이라는 네 가지 체액이 있고, 그 상대적인 비율에 따라 체질과 기질이 형성된다고 믿었다. 지금도 종종 '다혈질'이다, '기분이 멜

랑콜리하다'라는 식의 표현을 쓰는데, 바로 그런 인식의 영향이 남아 있는 것이다. 그렇듯 'humor'라는 말은 처음에 그 '체액'을 가리켰으며, 지금도 영어에서 '기분이 좋다'는 것을 'be in good humor'라고 표현한다. 즐거운 감정이 체액들의 균형에서 온다는 믿음에서 생겨난 표현이다. 그러다가 'humor'는 '체액의 불균형에 의해서 생겨난 특이한 기질'과 '그런 기질을 가진 사람'이라는 의미로 변천했다. 17세기 영국에서 등장한 'comedy of humors'라는 장르는 특이한 기질을 가진 사람들이 웃음을 유발하는 드라마였다. 그 후 'humor'는 그런 웃음을 자아내는 '우스꽝스러움'을 가리키는 말로 바뀌었다. 영어로는 'ridiculous'라는 형용사에 가깝다.

어느 사회에서나 우스꽝스러운 짓을 하는 사람들은 있었다. 엉뚱한 말로 폭소를 자아내고 기이한 행동으로 즐거움을 선사하는 이들로서, 축제나 놀이판의 신명을 북돋아주는 엔터테이너다. 그런데 그런 부류의 인간들은 오랫동안 주변부나 비주류로 밀려나 있었다. 피에로, 광대, 각설이, 딴따라…… 이들은 웃음을 자아내는 일을 하면서도 차별받았고 신분적으로도 천시되었다. 너스레를 떨고 그것을 들으며 깔깔 웃어대는 것은 '아랫것들'이나 하는 잡스러운 짓이지, 품위를 지켜야 하는 양반이나 귀족에게는 어울리지 않는 일로 여겨졌다.

그러다가 유럽에서는 어느 시기부터 남을 웃기는 것이 교양인의 미덕으로 칭송되기 시작했다. '유머 감각sense of humor'이라는 개넘은 바로 그런 맥락에서 등장했다. 그 무대는 영국이었다. 프랑스의 역사학자 시어도어 젤딘이 『인생의 발견』이라는 책에서 그 정황을 짤막하게 언급한다. "유머 감각이라는 말은 1840년에 영국에서 처음 사용되었다. 1870년 무렵부터는 유머 감각을 바람직한 자질로 보기 시작했다. 이때부터 사교 생활에서만이 아니라 지적 욕구와 도덕적 욕구를 충족시키는 면에서 유머의 가치가 점차 높아졌고, 오늘날 유머는 그 잠재력이 아직 다 실현되지 않은 힘으로 남아 있다."*

영국 하면 '신사의 나라'가 연상된다. 숙녀에게 차례를 양보하는 등 매사에 매너를 지키는 젠틀맨의 모습 말이다. 점잖고 엄숙한 이미지라고 할 수 있다. 그런데 그것이 유머와 어떻게 접맥될까? 서양 문명에서 나타난 대화에 대한 인식의 변화를 추적한 스티븐 밀러에 따르면, 18세기에 접어들어 영국에서는 커피 하우스와 클럽이 번성하기 시작했고 거기에 많은 사람들이 드나들면서 새로운 언어 공간이 창출되었다. 특히 커피 하우스의 출현은 대화와 토론에 바탕을 둔 쾌활한 사교성을 중시하는 풍토와 함께 도시의 사회조직을 변화시켰다.** 기존의 귀족들과 차별되는 부르주아 문화를 형성하는 움직임으로, 그들 사이에 이뤄지는 교제와 대화는 학력이나 빈부의 차이를 넘어 기존의 격식에 구애받지 않으면서도 신사적으로 이뤄

* 시어도어 젤딘, 『인생의 발견』, 문희경 옮김, 어크로스, 2016, 201쪽.
** 스티븐 밀러, 『대화의 역사』, 진성록 옮김, 부글북스, 2006, 130쪽.

졌다. 농담을 섞어 유쾌함을 더하는 것도 중요한 대화의 기술로 여겨졌다. 밀러는 그러한 일상의 문화가 토대가 되어 국가의 품격이 높아졌다고 분석한다.

영국사를 전공한 연세대학교 사학과 설혜심 교수에게 좀더 상세한 사정을 문의했다. 그에 따르면 17세기 말에서 18세기로 접어들면서 영국에는 화법에 대한 담론이 풍성해졌는데, 상류층에게 요구되는 사회적 규범과 적절한 행실에 대해 상세하게 설명하는 책들('Etiquette Books' 또는 'Conduct Books'라는 장르)이 유행했다. 그리고 유머러스한 소설들도 대거 출현했다. 유머는 자칫 계급 질서를 조롱하고 체제 전복적인 비판과 풍자라는 성격을 띨 수도 있었으나, 그것을 극복하고 일반적으로 통용되는 사회적 에티켓의 일부로 자리 잡았다. 이제 유머는 '영국적인 것Englishness'의 중요한 항목으로 여겨지며 국민적인 미덕으로 받아들여졌고, 이는 영국인의 자신감이 반영된 것으로 볼 수 있다.

유머가 하나의 미덕으로 여겨지기 시작했다는 점이 흥미롭다. 이는 단순히 우스갯소리를 늘어놓는 것 이상의 도덕적인 함의가 내포되어 있음을 암시한다. 영국의 작가 존 보인턴 프리스틀리는『영국의 유머』라는 책에서 유머를 적절하게 구사하기 위해 필요한 조건들을 제시하고 있다.* 그 가운데 특히 중요한 몇 가지를 꼽으면 다

---

* J. B. Priestley, *English Humour*, William Heinemann Ltd., 1976.

음과 같다. 빈정거림을 알아차리는 능력, 어처구니없음을 알아차리는 능력, 어느 정도의 현실감각 그리고 타인을 완전히 밀어내지 않고 애정으로 자신과 결합시키는 능력 등이다. 그냥 웃기는 것만으로는 유머가 되기 어렵다는 뜻으로, 맥락을 잘 파악하고 다른 사람의 감정을 살피면서 그 존재를 끌어안는 태도가 뒷받침되어야 한다. 그런 면이 결여된 채 실없는 농담으로 분위기를 어색하게 하거나 상대방을 곤란하게 하는 것을 '나쁜 유머 감각dark (ill) sense of humor'이라고 칭하면서 엄격하게 경계했다.

　그렇다면 좋은 유머 감각은 무엇일까. 우선 '감각'이라는 개념을 살펴보자. 사전적으로 그 의미는 크게 두 가지다. 하나는 '신체기관을 통하여 안팎의 자극을 느끼거나 알아차림'이며(감각이 마비되다), 다른 하나는 '무엇에 대하여 민감하게 느끼거나 인식하고 반응하는 능력'이다(방향 감각, 패션 감각, 연애 감각, 정무 감각……). 한국말로 '센스가 있다'라고 할 때, 그것은 후자의 의미를 담고 있다고 볼 수 있다. 따라서 유머 감각은 웃음거리를 감지하고 구사할 줄 아는 능력으로, 이성적인 추론이나 사유를 뛰어넘어 본질을 꿰뚫어보는 통찰이 요구된다. 한편으로 상대방에 대한 호의와 배려를 지니고 있어야 하고, 다른 한편으로 사물과 현실에 대해 거리를 두면서 냉철한 직관을 구사해야 한다. 바로 이것이 유머가 영국에서 젠틀맨십의 중요한 요소로 권장되는 이유다. 여러 관점을 넘나드는 고차원적인 커뮤니케이션이고, 세련된 지성과 감성이 요구되는 것이 유머다. 절묘한 균형과 조화의 감각이 필요하다.

그렇다면 그 이전에는 유머에 상응하는 문화가 없었을까? 그렇지 않다. 사회사나 민속 전승의 여러 자료를 통해 확인할 수 있듯이, 동양이나 서양이나 민중들의 일상 속에는 해학이 가득 들어 있었다. 하회탈춤과 판소리에서처럼 익살은 민속 문화의 중요한 코드였다. 다만 18세기 영국에서 그것을 '유머'라고 명명하면서, 사회의 질서 안으로 끌어들이고 지배층의 개인적 미덕으로 칭송한 것이라고 봐야 할 것이다. 따라서 유머의 본질을 논의할 때, 서양 문화사 중심으로만 살펴볼 필요는 없겠다.

인류의 문명사적으로 볼 때, 유머는 놀이의 한 범주라고 할 수 있다. 놀이와 유머의 관계를 살펴보자. 놀이에 관한 고전 『호모 루덴스』에서 요한 하위징아는 이렇게 말한다. "서로 느슨하게 연결되는 이러한 용어들—놀이, 웃음, 어리석음, 위트, 재담, 농담, 코믹 등—은 어떤 다른 용어로 환원되지 않는 놀이의 특징을 다들 갖고 있다. 이러한 용어들의 존재 근거와 상호 관계는 우리 인간이 정신적 존재라는 심오한 사실에서 나온다."* 다시 말해, 주어진 물리적 실재를 넘어서 광활한 의미 세계를 살아가는 것이 인간이다. 거기에서 생성되는 수많은 상징적 코드가 우리의 의식 및 사회생활을 매개한다. 놀이는 그 한 가지 파생물이고, 유머도 거기에 속한다.

*   요한 하위징아, 『호모 루덴스』, 이종인 옮김, 연암서가, 2018, 41쪽.

놀이는 재미 이외의 다른 목적을 추구하지 않는 자기 완결적인 행위다. 재미는 다른 심리적 욕구나 생리적 기능으로 환원될 수 없는 무조건적이고 근원적인 생의 범주라고 하위징아는 말한다. 따라서 재미로 동기화되는 놀이는 생산의 필요나 권력의 강제, 도덕적인 의무와도 상관이 없어야 한다. 인간은 거기에서 오로지 자유만을 만끽할 뿐이다. 하위징아는 인간의 문화가 놀이 속에서 놀이로서 발생하여 전개되어왔다고 주장한다. 문화가 발생한 다음, 놀이가 출현한 것이 아니다. 문화는 이성의 소산 또는 생산과 노동의 성과라기보다는, 그냥 놀이로서 생겨난 것이다. 놀이는 문화보다 훨씬 근본적인 정신 현상이다.

놀이는 인간의 삶과 문화에서 매우 중요한 위치를 점하고 있지만, 인간의 전유물은 아니다. 실제로 다른 동물들도 노는 것을 쉽게 확인할 수 있다. 생물학적인 필요와 아무 관계 없이 재미를 충족시키는 행동을 종종 한다. 그렇다면 그들에게도 유머라고 할 만한 것이 발견될까? 진화론의 창시자 찰스 다윈은 인간과 유인원의 관계를 다각도로 분석하면서 그에 대해 언급하고 있다.

> 개들은 그런대로 유머 감각이라고 부를 수도 있는 감각이 있다. 단순한 놀이와는 틀림없이 다른 것이다. 막대기 같은 것을 개에게 던져주면 개는 그것을 물고 조금 달아나다 막대기를 땅에 놓고 그 옆에 쭈그리고 앉아 주인이 막대기를 가지러 올 때까지 기다린다. 주인이 가까이 다가오면 개는 다시 그것을

물고 의기양양하게 도망가며 이 같은 동작을 반복한다. 개는 짓궂은 장난을 즐기는 것이 틀림없다.*

다윈이 묘사한 개는 지금 주인을 '놀리고' 있다. 강자를 상대로 짓궂은 장난기를 발휘하는 것은 고차원의 유머가 아닐 수 없다. 그만큼의 신뢰가 깔려 있으니 가능한 일이지만, 신뢰만으로는 충분치 않다. 막대기를 갖고 노는 행위에는 매우 단순할지언정 사람과 공유하는 일정한 규칙이 있다. 조금 달아나다가 막대기를 땅에 놓고 주인이 올 때까지 기다린다, 가까이 오면 다시 물고 도망간다. 이런 상호작용은 일정 수준의 지능이 뒷받침되지 않으면 이뤄질 수 없다. 가상의 현실을 실제인 양 즐기는 것이기 때문이다. 동물행동학자 프란스 드 발은 협력, 정의, 이타심, 합리성, 의도, 감정 등 인간적이라고 여겨졌던 가치들이 동물에게서도 발견되는데, 유머 또한 그러하다고 말한다.**

유머와 놀이의 공통점은 현실의 질서로부터 벗어나 있다는 점이다. 허구의 세계를 창조하여 그 안에서 또 다른 질서에 따라 말하고 행동한다. 그런 점에서 유머는 창의성과 직결된다. 통상적으로는 무관해 보이는 것들을 절묘하게 연결시키는 발상은 창의성의 핵심 원리다. 따라서 유머러스한 정신이 참신한 아이디어의 토양이 되

* 찰스 다윈, 『인간의 유래 1』, 김관선 옮김, 한길사, 2006, 131~32쪽.
** 프란스 드 발, 『동물의 생각에 관한 생각』, 이충호 옮김, 세종서적, 2017.

는 것은 당연하다. 심리학에서 여러 실험으로 그것을 증명했다. 코미디 영화를 본 그룹이 수학 관련 영상물을 본 그룹보다 문제를 더 잘 해결했다든가, 신제품 브레인스토밍에서 전문 코미디언들이 제품 디자이너들보다 20퍼센트 더 많은 아이디어를 제출한 사례들이 보고된다.

유머는 단순한 심심풀이를 넘어 자유로운 정신의 지표가 될 수 있다. 그것은 인류가 오랫동안 축적해온 문화의 토대 위에서 피어나는 꽃이고, 우리가 바라는 삶과 세계를 꿈꾸며 흥얼거리는 노래다. 농담 한마디 주고받으며 짓는 환한 미소에는 존재를 창조하는 마음의 신비가 깃들어 있다.

2. 유머의 네 가지 범주

유머라는 개념은 포괄적인 의미를 담고 있다. 유머에 대해 생각하고 논의하기 위해서는 그 속성을 하위 범주로 나눠보는 것이 도움이 될 것이다. 그동안 많은 학자들이 여러 가지 기준으로 분류를 시도했으며, 많게는 수십 가지로도 구분된다. 여기에서는 크게 네 가지로 범주화해본다.

구경거리로서의 코미디

드라마의 역사는 매우 오래되었는데, 그 시초부터 희극comedy이 중요한 장르를 이뤘다. 웃음을 자아내기 위해 창작되어 대개 해피엔딩으로 마무리되는 연극으로, 한국에서도 판소리나 마당놀이 등 다양한 연희演戲의 전통이 이어져 왔다. 지금도 서양에서는 스탠드업 코미디가 꾸준히 관객을 끌어모으고 있고, 한국의 여러 대도시에서「라이어」시리즈 등 다양한 코믹 연극이 오랫동안 공연되고 있다.

코미디는 대중매체를 통해 더욱 꽃을 피웠다. 우선 만화comic가

세대를 막론하고 많은 독자들을 사로잡았고, 유머러스한 대중소설도 꾸준하게 인기를 누리고 있다. 영상 매체는 코미디의 위력을 더욱 증폭시켰다. 찰리 채플린은 영화사에 큰 획을 그었고, 텔레비전의 시트콤이나 할리우드의 애니메이션은 대중문화의 한 축이 되었다. 텔레비전에서도 다양한 코미디 프로가 양산되면서 수많은 스타들이 탄생했다.

한국의 경우, 1969년에 선을 보여 1994년까지(1985년부터 1992년까지는 중단되었다) 방영된 「웃으면 복이 와요」에서부터 1999년에 시작해 지금까지 롱런하고 있는 「개그 콘서트」까지 그 계보가 이어져 왔고, 각 시대별로 아이콘 같은 코미디언들이 있다. 1세대는 구봉서, 송해, 박시명, 서영춘, 배삼룡, 이기동, 남철, 남성남과 80년대에 혜성처럼 등장한 이주일 등으로, 이들은 원래 극장 쇼 무대에서 활동하다가 텔레비전이 보급되면서 대중 스타로 발돋움했다.

그다음 세대는 1980년대에 새로운 흐름으로 등장한 임하룡, 이경규, 심형래, 김학래, 최양락, 김형곤, 김미화 등으로, 이른바 '개그맨'이라고 불리는 연예인들이다. 1970년대 중반에 전유성, 고영수 등이 기존의 슬랩스틱과 차별화된 스탠드업 코미디를 시도한 것이 그 원조라고 할 수 있다. 전유성은 '개그맨'이라는 신조어를 만들어냈는데(영어권에서는 쓰이지 않는 콩글리시다), 기존의 '코미디언'과 달리 말로만 웃긴다는 점을 부각시키려는 의도였다. 2세대 코미디언들은 미리 짜인 시나리오에만 의존하지 않고 순발력 있게 리액션을 구사한다는 공통점을 갖는다.

3세대로는 지금 왕성하게 활동하는 신동엽, 유재석 등이 '개그맨'의 전통을 잇고 있고, 송은이와 김숙, 박나래 등의 '개그우먼'들이 크게 주목받고 있다. '개그맨'들은 '코미디언'과 달리 각 방송사의 공채를 통해 선발되어 데뷔하는 공통점이 있고, 「개그 콘서트」는 지금은 폐지된 「폭소클럽」「웃음을 찾는 사람들」 등과 함께 개그맨들의 등용문이 되었다. 최근 들어 공중파 텔레비전에서 주요 프로그램을 잇달아 폐지하면서 신인의 데뷔가 험난해진 것은 물론, 기존의 코미디언들조차 무대를 찾지 못해 막막해한다. 이런 상황에서 유튜브나 팟캐스트 등 다른 매체로 새로운 출구를 찾는 시도도 활발하다.

다른 한편, 스탠드업 코미디가 한국에서도 인기를 모으고 있다. 스탠드업 코미디란 무대에 한 명만 올라가 마이크 앞에서 오로지 입심 하나로 관객들에게 웃음을 선사하는 장르로서, 20세기 중반부터 미국에서 유행했다. 한국에서는 1980년대 들어 김형곤, 주병진, 자니윤 등의 코미디언이 선을 보였다. 그러다가 최근에는 김제동이 토크 콘서트 형식으로 그 명맥을 잇고 있고, 유병재의 본격적인 스탠드업 쇼가 공연장과 넷플릭스를 통해 호응을 얻고 있다. 이제는 서울의 강남과 홍대 앞에 스탠드업 코미디 전용 극장이 생겨나 관객을 만나고 있다. 다루는 주제나 내용 면에서도 비교적 제약이 없기에 다양한 실험이 이뤄진다. 방송사가 주도하던 코미디 문화와 다르게, 앞으로 어떤 흐름을 만들어갈지 기대된다.*

떠도는 우스갯소리

"웃긴 이야기 해줄까?" 이런 말을 들으면 우리는 귀가 솔깃해진다. 재미있는 '콘텐츠'를 유난히 잘 기억해서 꺼내놓는 사람들은 대화가 따분해질 때 그 진가를 발휘한다. 그러려면 늘 새로운 콘텐츠로 업데이트를 해야 한다. 잔뜩 기대하게 해놓고 이미 다 아는 이야기를 들려주면 김이 새기 때문이다. 유머집이나 인터넷에는 무궁무진한 우스갯소리들이 쌓여 있다. 그 가운데는 꽤 길고 나름의 기승전결을 갖춘 이야기들이 있는데, 예를 들면 다음과 같은 것이다.

> 어느 초등학생이 학교에서 돌아와 아버지에게 투덜댔다. "아빠, 다른 아이들은 자가용 타고 다니는데 난 이게 뭐야?" 아버지가 화가 나서 말했다. "이놈아, 아빠 어렸을 땐 책가방도 없어 보자기에 싸서 다녔다. 그리고 한 시간도 넘게 걸어 다녔거든."
>
> 그때 마침 할아버지가 들어오셨다. 아버지는 '이때다' 싶어 할아버지에게 말했다. "아버지 어렸을 때 학교 다녔던 이야기 좀 해주세요." 할아버지가 말했다. "그땐 제일 가까운 학교도 30리가 넘었단다."
>
> 얼른 아버지가 말을 받았다. "정말 고생 많으셨네요. 요즘 애

---

* 최정윤, 『스탠드업 나우 뉴욕』(왓어북, 2018)에 미국 스탠드업 코미디의 성격과 흐름이 소개되어 있고, 한국의 상황도 간략하게 언급하고 있다.

72

들은 상상도 못 할 일이죠." 손자가 말했다. "전 그렇게 할아버지가 고생하신 줄 몰랐어요. 죄송해요." 그러자 할아버지가 하시는 말씀. "그래서 난 학교 안 갔어!!"

위의 예화처럼 일정한 길이의 내러티브 형식을 취하는 이야기를 꺼내놓으려면, 그 흐름을 정확하게 기억해야 할 뿐만 아니라 듣는 사람의 긴장을 이끌어내는 리듬감과 말솜씨도 있어야 한다. 그런 능력이 부족해도 활용할 수 있는 것이 비교적 간단한 내용으로 구성된 이야기들이다. 한때 유행한 '최불암' '덩달이' '사오정' 시리즈가 그렇다. 그리고 더욱 간단한 것으로는 최근 유행하는 '아재 개그'를 들 수 있다. 일문일답의 얼개이기 때문에 단편적인 암기력만 있으면 쉽게 구사할 수 있다. 아재 개그와 비슷하게, 재기발랄한 말장난으로 분위기를 띄워주는 건배사도 있다.

이 모든 우스갯소리는 그 자체로 완결된 구조를 갖추고 있어 언제 어디서든 활용할 수 있다는 공통점을 갖고 있다. 이런 특징 때문에 '통조림식 농담canned joke'이라고도 하는데, 맥락에 구애받지 않고 쉽게 꺼내놓을 수 있다는 뜻이다. 대체로 기발한 내용들이지만, 남발하면 실없는 사람으로 보이고 너무 심하면 짜증이 날 때도 있다. 그러나 적당한 수준에서 구사하면 대화를 즐겁게 하는 양념이 된다.

여기에 한 가지 더 덧붙인다면, 인터넷이 일상화되면서 유머의 양상에도 새로운 흐름이 생겼다는 점이다. 단지 우스갯소리가 대량으로 유통되는 것을 넘어 그 외연이 확장된 것이다. 이른바 시각적 유희visual pun로서, 문자만이 아니라 사진, 그림, 음악, 동영상 등을 자유자재로 변형하고 재구성하는 장르를 가리킨다. 가볍게 웃고 즐기는 단순한 콘텐츠가 대부분이지만, 현실의 부조리를 고발하고 권력자를 패러디하는 창작물도 적지 않다. 기발한 아이디어가 돋보이는 누리꾼들의 작품이 주를 이루고, 익명의 누리꾼들의 집단 지성이 탁월하게 작동하면서 공동으로 제작되는 것도 있다.

단순한 해프닝

1999년 스페인에서 세계육상선수권대회가 열렸을 때의 일이다. 세계 각국에서 선수들이 공항에 속속 도착하는 날, 현지 언론과 인터뷰하던 허들 경기 선수의 손가방을 어느 소매치기가 훔쳐 달아났다. 그때 마침 단거리 달리기 선수가 옆에 있었고, 100미터를 9초대에 주파하는 그는 가뿐하게 소매치기를 붙잡았다. 손가방을 도난당한 허들 선수는 "공항 청사에 허들이 설치되어 있었다면 내가 잡았을 것"이라고 너스레를 떨었다고 한다.

앞 장에서 유머에 대한 사전적 정의로 '어떤 말이나 표정, 동작 등으로 남을 웃게 하는 일이나 능력. 또는 웃음이 나게 만드는 어떤 요소'라는 풀이를 소개한 바 있다. 그러니까 유머에는 누군가가 웃기기 위해 일부러 표출하는 언행만이 아니라, 우발적으로 일어나 사람들의 웃음을 자아내는 사건이나 상황도 포함된다. 생각해보면,

우리가 경험하는 웃음 가운데는 아무도 의도하지 않고 예상하지도 못한 해프닝에서 비롯되는 것이 의외로 많다. 친구를 만났는데 약속이나 한 듯 똑같은 옷을 입고 나왔다거나, 노래를 하다가 목소리에 '삑사리'가 났다거나, 스님이 승복을 입은 채로 마라톤 대회에 참가해 뛰고 있다거나(내가 직접 본 광경이다)……

오랫동안 진행되는 해프닝도 있다. 서울시립과학관 이정모 관장은 대학에서 생화학生化學을 전공했는데, 그 학과를 선택하게 된 경위가 한 편의 코미디다. 대학에서 농학農學 관련 학문을 전공하고 싶었던 그는 입시를 앞두고 담임교사의 제안에 따라 '생화학과'를 지망했다. 생화학이 '생화生花'를 재배하고 연구하는 분야라고 오해한 것이다. 입학하고 나서 한 달이 지나서야 그는 생화학과의 '실체'를 알게 되었다. 당시엔 생화학이라는 학문이 거의 알려지지 않았던 터라 이정모 관장처럼 잘못 알고 입학한 학생들이 매년 한 명씩은 있었다고 한다. 이렇듯 우연히 벌어진 일이 배꼽 잡는 이야기가 될 때가 있다. 위의 사례처럼 긴 시간에 걸쳐 진행되는 상황도 있지만, 대개는 순간적으로 벌어지는 사건들이다.

하지만 아무리 우스꽝스러운 해프닝이라 해도 살벌한 분위기에서는 웃음이 나오지 않는다. 1950년에 발발한 한국전쟁은 3년 동안 이어졌지만, 1951년부터 휴전 협상이 시작되었다. 쉽게 마무리되리라는 예상과 달리, 한 치의 양보도 없이 팽팽하게 밀고 당기기를 하느라 시간이 너무 길어진 것이다. 첫 회담부터 엄청난 기 싸움이 벌어졌고, 양쪽 대표자들의 얼굴에는 삼엄한 긴장이 흘렀다. 웃음은 원천적으로 봉쇄되었다.

> 회담장 분위기는 총만 안 들었지 전쟁터와 다름없이 살벌했다. 1951년 7월 10일 10시에 쌍방 대표가 내봉장 뜰에서 만나 회의장으로 들어갔고, 각자 지정된 자리에 앉아 상호 신임장을 확인했다. 중무장한 중국군이 주변을 둘러싸고 있었다. 서로 악수도 하지 않은 채 팽팽한 긴장감만이 방 안을 가득 채웠다. 한국군 통역장교인 이수영 중령이 의자가 있는 줄 알고 허공에 앉다가 공중제비를 돌았지만 웃는 사람은 아무도 없었다. 〔……〕 침묵의 시간이 하염없이 흘러갔다. 그때 북한 대표인 이상조의 얼굴에 큰 파리가 한 마리 날아들었다. 파리가 얼굴을 여기저기 기어 다녀도 이상조는 꼼짝도 하지 않고 맞은 편 한국군 대표인 백선엽을 쏘아보았다. 한참 뒤에 파리가 날아갔지만 아무도 웃지 않았다.*

의자의 위치를 착각하여 공중제비를 돌았을 때 웬만하면 웃음이 터지기 마련인데, 살벌한 눈빛으로 서로를 노려보면서 아무도 웃지 않았다. 기록에 따르면, 그렇게 완전한 침묵 가운데 무려 132분이 흘렀다고 한다. 그만큼 감정의 골이 깊었다는 점을 시사한다. 적개심과 복수심으로 무장한 사람들 사이에서는 어떤 일이 벌어져도 웃음을 터뜨릴 수 없다. 아무리 우스꽝스러운 해프닝도 가슴이 닫

---

* 김연철, 『협상의 전략』, 휴머니스트, 2016, 210~12쪽.

혀 있으면 유머러스하게 다가오지 않는다. 사건 자체보다 중요한 것은 그것이 일어난 전후 맥락과 그 분위기다.

즉흥적으로 빚어내는 위트

의도적으로 웃음을 유발하는 유머 가운데, 앞서 살펴본 두 범주인 코미디와 우스갯소리는 재미있고 간편하게 소비되기는 하나 전체 스펙트럼에서 큰 비중을 차지하지 않는다. 우리가 경험하는 유머의 절반 이상(서양의 어떤 연구에 따르면 70퍼센트 정도)은 대화 상황에서 즉시 떠올려 구사하는 것으로, 그것에 능숙할 때 유머 감각이 뛰어나다는 평판을 얻을 수 있다. 우스갯소리를 잔뜩 외워서 시시때때로 들려주는 것만으로는 한계가 있다. 아재 개그를 하더라도 오가는 대화의 맥락과 분위기에 맞춰 구사하면 훨씬 재미있고 산뜻하다.

단순한 말장난을 넘어 상황에 대한 참신한 관점과 해석을 담고 있을 때, 통쾌한 반전이 반짝이는 웃음을 자아낸다. 다음의 사례를 보자.

> 어느 스포츠 선수가 인터뷰에서 질문을 받는다. "오늘 경기는 어땠습니까?" "음, 100퍼센트 가까이 실력을 발휘한 것 같아요." "아, 그럼 95퍼센트 정도인가요?" "아닙니다. 102퍼센트입니다."

일본의 기업가 손정의 씨의 앞머리가 계속 벗어지는 것을 보고 누군가가 말했다. "머리가 자꾸 뒤로 밀리는군요." 손정의 씨가 대답했다. "아뇨. 제가 앞으로 전진하는 거죠."

핵심은 재치wit다. 기발하게 말을 비틀어서 새로운 의미 공간이나 인식의 지평을 열어내는 힘이 거기에 있다. 그런 순발력은 상대방의 공격을 되받아칠 때 더욱 돋보인다. 김대중 대통령이 노벨평화상을 받았을 때, 어떤 정치인이 심사가 뒤틀려 비아냥거리며 이렇게 말했다. "김대중이가 노벨상을 탄 것은 지나가는 개도 웃을 일이다." 그에 대해 한승헌 변호사는 이렇게 응수했다. "웬만한 일이라면 사람들만 웃었을 텐데 얼마나 기쁜 일이면 개까지 웃었겠는가?" 감정적으로 대립각을 세우느라 에너지를 낭비하지 않고, 상대방의 말을 그대로 수용하되 논리의 회로를 바꾸어 역습하고 있다.

이렇듯 두고두고 인구에 회자되는 에피소드들은 많다. 그것은 실제 상황에서 터져 나온 것이지만, 일단 그렇게 하나의 이야기로 완결되면 일종의 신화가 되어 우스갯소리로서 유통된다. 그런데 즉흥적으로 빚어내는 위트는 그 맥락을 떠나면 효력을 잃는 것이 대부분이다. 현장에서는 요절복통했지만, 그 경험을 다른 자리에서 아무리 실감 나게 이야기해도 밋밋해지는 것이다. 다만 그 자리를 함께한 사람들끼리는 그 순간을 상기하면서 다시 웃을 수 있다. 오랫동안 잊히지 않는 폭소, 그것을 빚어낸 정황은 대개 일회적이다. 재현이 어려운 것은 기억력이나 말재주가 없어서가 아니라, 그 유머가 맥락에 깊이 얽혀 있기 때문이다. 심지어 해당 장면을 동영상으로 찍어둔다고 해도, 그 맥락을 온전하게 재생시킬 수는 없다.

나중에 상세하게 논의하겠지만, 유머 감각의 핵심은 맥락에 대한 섬세한 감수성이라고 할 수 있다. 오가는 대화를 둘러싼 의미의 자장磁場과 흐름, 함께 있는 사람들이 공유하는 기억, 그 시간에 빚어지는 감정의 미세한 결 등에 충분히 녹아들어야 한다. 그런 정서적인 토대 위에서 전체의 판을 객관화하며 논리의 빈틈을 찌르고 들어가는 직관이 유머 감각이다.

3. 긴장과 욕구의 해소
―에너지 방출 이론

　유머 코드라는 말이 있다. 웃음을 유발하는 이야기나 몸짓이 일반적으로 담고 있는 요소들을 가리킨다. 그런데 유머에 일정한 공식이 있을까. 코미디 작가들이 이야기를 착상하고 얼개를 구상할 때, 의식적으로 또는 무의식적으로 활용하는 틀이 있을까. 만일 그것을 추출할 수 있다면, 인공지능 프로그램을 활용해 개그 시나리오나 우스갯소리를 끊임없이 생산할 수도 있으리라. 그러나 그것은 매우 어려운 과업인 듯하다. 인공지능이 인간의 많은 지능을 대신한다고는 해도, 유머에 대해 나오는 이야기는 별로 없다. 아재 개그처럼 동음이의어를 활용한 단순한 콘텐츠는 생성해낼 수 있겠지만, 실시간으로 진행되는 대화 상황에서 상대방의 어떤 말을 순발력 있게 포착하고 미묘하게 비틀어 웃음을 터뜨리는 감각은 요원한 일이다.

　인공지능은 그렇다 치고, 유머 코드를 일반화하여 공식으로 만들 수 있다면 우리 삶을 유머러스하게 가꾸는 데 도움이 되지 않을까. 많은 학자들이 유머의 본질을 규명하려고 시도했고, 여러 가지 개념과 이론을 내놓았다. 이론의 가치는 보편적인 설명력이다. 가능하면 모든 사례에 두루 적용되는 이론을 세우는 것이 학자들의 목표다. 그러나 아직까지는 그런 이론이 나오지 않았다. 저마다 어느 측면을 부각시키면서 그 메커니즘을 나름대로 명료하게 밝히고 있지만, 유머를 전부 아우르는 이론은 없다. 웃음이라는 것이 매우 단순하고 자명해 보일지언정, 그 논리와 심리는 복잡다단하기 때문이다.

유머 이론을 교과서적으로 분류하면 크게 세 갈래로 나뉜다. 웃음의 작동 원리를 신경생리학적으로 파헤치는 에너지 이론, 사회적 관계에 초점을 맞춘 우월 이론, 인지적인 차원에 주목하는 불일치 이론이 그것이다. 이 이론들은 상호 보완적이고, 동일한 사례가 각 이론에 따라 다르게 해명될 수 있다. 여기에서는 주요한 이론들을 간략하게 소개할 예정인데, 우선 에너지 이론부터 살펴보자.

우리는 크게 웃음이 나올 때, '빵 터졌다'라는 표현을 흔히 쓴다. 안에서 뭔가 억눌려 있던 것이 한순간에 분출되는 이미지다. 실제로 실컷 웃고 나면 심신이 개운해진다. 바로 그런 느낌을 이론으로 정립한 학자가 19세기의 사회진화론자 허버트 스펜서Herbert Spencer 다. 당시에는 산업혁명이 진행되는 가운데 내연기관이 발명되고 에너지라는 개념이 확산되고 있었다. 철도 기사 출신이었던 그는 웃음이라는 신체 현상을 증기기관의 원리로 설명하려고 시도했다. 신경계에 쌓인 생리적 에너지가 더 이상 필요하지 않을 때 어떤 식으로든 방출돼야 하는데, 웃음은 근육운동을 통해 에너지를 방출하는 특수한 방식이라는 것이다.

그렇다면 어떤 상황에서 그런 방출이 일어날까. 스펜서는 하강적 부조화descending incongruity라는 개념을 내세운다. 그것은 뭔가 큰 것을 기대했는데, 실제 드러난 것이 시시한 것일 때를 가리킨다. 예를 들어 화려한 불꽃놀이를 보여주겠노라면서 사람들을 불러모은 자리에서, 장난감 폭죽 정도만 터지고 말았다면 우스꽝스러울 것이다. 가끔 정치인들이 자신의 과오를 반성하기는커녕 억지스러운 변명을 하는데, 그런 언어도단에 헉하고 웃음이 나오는 것도 일종의 하강적 부조화일 수 있겠다.*

스펜서에 따르면, 웃음은 그런 부조화를 맞닥뜨릴 때 일어나는 생리적인 반응이다. 어처구니없는 현상을 두뇌가 도저히 받아들일 수 없어서 일으키는 경련이라고 할까. 재채기, 하품, 기침 등과 마찬가지로 웃음이 일정한 기능을 한다고 보는 것이다. 얼굴근육, 발성기관, 가슴과 배 그리고 손발에 이르기까지 온몸의 다양한 부위를 움직이면서 잉여의 신경 에너지를 발산시킨다는 이론이다. 이 이론은 아직 과학적으로 입증되지 않은 가설이지만, 그 관점에는 직관적

---

* 하강적 부조화와 대비를 이루는 것은 상승적 부조화ascending incongruity로, 기대보다 훨씬 탁월한 것이 나타날 때의 반응이다. 예를 들어, 한때 유행했던 노래 경연 프로그램에서 평범한 사람이 엄청난 실력을 보여주는 경우다. 휴대전화 판매원으로 살다가 일약 세계적인 스타가 된 영국인 폴 포츠처럼 기대를 훨씬 뛰어넘는 상황이 펼쳐질 때, 우리가 느끼는 감정은 바로 '경이로움wonder'이다.

으로 동의할 수 있을 듯하다.

다만, 이 이론의 한계로 지적되는 것 가운데 하나는 억눌린 감정이 없어도 웃음이 터질 때가 많다는 점이다. 우리는 웃음을 유발하는 자극이나 대상에 대해 사전에 아무런 감정을 갖고 있지 않은 상태에서도 웃는다. 오히려 마음이 홀가분할 때 유머에 쾌활하게 반응한다. 더 나아가, 무심한 상태에서 어떤 계기로 인해 피식피식 웃음이 나오기 시작해서 강도가 서서히 높아지다가 절정에 이르러 폭소가 터지는 경우도 많다. 풍선을 불 때 부피가 점점 늘어나 임계점에 이르러 터지듯 에너지가 폭발한다는 모델과 맞지 않는 것이다. 오히려, 원래는 존재하지 않았던 에너지가 어떤 촉발 요인에 의해 생겨나 점점 팽창하고 조금씩 분출되면서 더욱 증폭된다고도 할 수 있다.

에너지 방출 이론에 이름을 올린 또 한 명의 중요한 학자가 지크문트 프로이트다. 그는 무의식이라는 개념을 도입하여 종래의 인간관을 뿌리째 흔들면서, (인간의 기원을 자연에서 찾은 다윈, 의식이 사회경제적인 토대의 산물임을 설파한 마르크스와 함께) 서구 지성사에서 코페르니쿠스적 혁명을 일으켰다고 평가되는 인물이다. 당시 부르주아 여성들의 성적 억압을 감지하고 히스테리 증상에 초점을 맞추면서 출발한 프로이트의 정신분석학은 욕구를 억누르는 대신, 합리적으로 대처함으로써 증상을 개선할 수 있다고 보았다. 그 과정을 분석하면서 그는 '리비도'라는 심리적 에너지의 존재를 확신하게 되었다. 억눌린 에너지는 주로 세 가지 방식으로 표출되는데, 꿈, 말실수 그리고 농담이 그것이다.

프로이트는 『농담과 무의식의 관계』*라는 책에서 유머를 무의식이라는 관점으로 분석하고 있다. 문명은 기본적으로 인간의 성적 충동과 공격 욕구를 억압할 수밖에 없고, 농담을 통해 그것을 방출할 수 있다는 것이 골자다. 리비도를 억제하느라 생기는 긴장을 웃음의 형식으로 해소한다고 할까. 원초적인 심리 에너지를 발산하면서 잠시 초자아를 혼란시킬 때, 모종의 금지된 즐거움을 경험하는 것이다. 이때 농담은 숨겨진 신경증neuroses을 드러내는 통로로서 자리매김한다.

프로이트는 먼저 농담의 기법을 분석한다. 핵심은 축약, 즉 표현의 압축이다. 그 사례로 제시하는 것은, 어떤 사람이 하이네라는 시인에게 자신이 로트쉴트 남작과 얼마나 친한지를 자랑할 때 썼던 다음과 같은 표현이다. "그는 나를 완전히 자신과 같은 부류로, 아주 '허물없이familionär' 대했답니다." 이 문장에서 'familionär'는 '친밀한familiär'과 '백만장자Millionär'를 합성한 것으로, 백만장자임에도 불구하고 자신을 가족처럼 친밀하게 대해주었음을 암시하고 있다. 그런데 하이네는 이 대화를 언급하면서 'Millionär'를 'Millionarr'라고 변형시키는데, '백만장자Millionär'와 '바보Narr'를 합성한 것

---

* 지크문트 프로이트, 『농담과 무의식의 관계』, 임인주 옮김, 열린책들, 1999.

이다. 그 남작을 또는 그와의 관계를 과시하는 사람의 속물근성을 은근히 비꼰 표현으로, 프로이트는 이 두 가지 모두 억압되어 있던 생각이 드러난 경우라고 분석한다.

책에서는 그와 비슷한 사례들을 계속 나열하는데, 우리가 주고 받는 농담 중에는 그런 식으로 의미를 압축해서 표현하는 것이 아주 많다. 그런 말들은 언뜻 들으면 잘 와닿지 않지만, 찰나의 순간에 그 함의를 깨닫게 되면서 웃음이 터져 나온다. 프로이트가 보기에 그러한 축약은 에너지의 절약 효과가 있다. 그로써 억압되어 있던 성욕이나 공격성이 교묘하게 위장되고 표출된다.

성적인 것을 소재로 하는 농담이나 우스갯소리는 억압과 방출이라는 도식으로 설명하기가 훨씬 쉬울 듯하다. 예를 들어 미국의 어느 코미디언이 스탠드업 코미디에서 했던 다음과 같은 이야기를 보자.

나는 지난 30년 동안 오직 한 여인만을 사랑했습니다.
들키면 나는 마누라한테 죽습니다.

첫번째 문장에서 자동적으로 연상되는 상황이, 두번째 문장에서 완전히 뒤집히는 반전이 일어나며 웃음을 유발한다(이에 대해서는 '불일치 이론'에서 자세히 다루겠다). 또한 여기에는 일부일처제라는 문명의 거대한 속박에서 벗어나는 해방감이 수반된다. 그래서 (물론 꾸며낸 이야기지만) 이 말을 들을 때 아내를 속이는 화자(코미디언)를 질타하기보다는, 잠시 그와 동일시하며 일탈의 쾌감을 상상하는 사람이 더 많을 것이다. 동서고금을 막론하고 수많은 음담패설이 계속 만들어지는 것도 그런 대리 만족을 제공하기 때문이다.

문명의 억압은 성적 충동과 공격 욕구에만 국한되지 않는다. 모든 시대와 사회에 존재해온 여러 가지 금기도 마찬가지다. 예를 들어 미국에서 금주법이 시행될 때는 음주에 대한 조크가, 마약 단속이 엄격하게 이뤄질 때는 마약과 관련한 유머가 유행했다. 그러다가 규제가 완화되면서 그에 대한 유머도 서서히 사라져갔다. 생각해보면 당연하다. 인권을 탄압하는 정권하에서는 권력을 비웃는 농담이 널리 회자되고, 억압적인 교사나 부모 밑에서 자라나는 아이들이 어른의 권위를 비꼬는 말들을 지어낸다. 민주적이고 평화로운 분위기에서는 그런 유머가 유행하지 않는다.

문명의 억압을 잠시 벗어나려는 충동이 웃음의 계기로 작용한다는 통찰은 유머를 해석하는 데 중요한 실마리가 된다. 다음은 어느 젊은 개그맨의 이야기다. 어린아이들이 모인 자리에서는 '똥'이나 '방구' 같은 말을 그냥 던지기만 해도 자지러진다고 한다. 실제로 아이들은 어른들이 방귀를 뀌면 크게 웃는다. 그런데 아주 어린 아이들, 그러니까 아직 말을 배우지 못한 아이들은 웃지 않는다. 방귀가 전혀 이상하지 않기 때문이다. 아무 데서나 방귀를 뀌어서는 안 된다는 금기가 언어를 통해 들어온 이후에, 그것을 위반하는 것이 통쾌함으로 다가오는 것이다. 아직 가다듬어지지 않아 엉망진창인 것, 질서와 규범으로 통제되지 않은 원초적인 욕구는 아이들에게 유머의 잠재적인 근원이다.

또한 프로이트는 상대방(어른이든 아이든)이 유아적인 행동이나 황당한 실수를 할 때 웃게 되는 현상에 주목한다. 그런 모습에서 우리는 보통의 상황을 접할 때보다 훨씬 적은 에너지를 소비하게 되고, 그 결과 남아도는 에너지가 즐거움으로 경험된다고 해석한다. 긴장이 풀어지면서 방출되는 쾌감이라는 말로서, 에너지라는 개념이 그럴듯하게 활용되고 있다. 확실히 우리는 어린아이들의 귀여운 행동이나 어른들의 유치한 모습을 볼 때, 긴장을 내려놓고 느긋하게 내려다보게 된다. 거기에는 어떤 우월 의식이 깔려 있는지도 모른다. 바로 그 점에 착안한 것이 다음 장에서 살펴볼 우월 이론이다.

4. 우쭐하는 기분
─우월 이론

　어떤 사람이 비행기 안에서 옆에 앉은 친구에게 말했다. "아, 역시 높은 하늘에서 내려다보니까 사람들이 개미로 보이네!" 이 말을 들은 친구가 대꾸한다. "이 사람아, 아직 활주로거든. 지금 자네가 본 것은 진짜 개미들이라고!"

　어떤 바보가 침대에서 잠을 자다가 바닥으로 굴러떨어졌다. 그는 속으로 '올라갈까 말까. 또 떨어질지도 모르는데⋯⋯' 하고 망설이다가, 올라가기로 하고 다시 침대에서 잠을 청했다. 그런데 정말로 잠시 후에 또 떨어졌다. 그는 이렇게 중얼거렸다. "아까 올라오길 잘했지, 안 그랬으면 밑에 깔릴 뻔했잖아."

　바보스러움은 웃음의 핵심 코드 가운데 하나다. 우리는 타인의 결함이나 실수, 착각을 보면서 쾌감을 느낀다. 그런 어리숙함이 긴장을 풀어주는 한편, 자신이 그보다 낫다는 우쭐함을 맛보게 하는 것이다. 우월 이론은 바로 그런 감정에 착목한다. 대표적인 철학자가 토마스 홉스Thomas Hobbes로, 그는 웃음의 본질을 '갑작스러운 득의sudden glory'의 감정이라고 말한다. 그에 따르면 웃음은 "자신의 어떤 갑작스러운 행동에 기뻐하거나, 또는 다른 사람에게서 꼴사나운 일을 발견하고 자신과 비교하여 갑자기 스스로를 칭찬할 때 일어난다."*

　이런 견해가 나오게 된 배경은 무엇일까. 일찍이 플라톤과 아리스토텔레스는 웃음이 다른 사람의 실패나 결점, 추한 모습을 볼 때 나타나는 반응이라고 정의했다. 그러한 관념은 계속 이어져 17세기까지만 해도 서양에서 웃음은 조롱ridicule을 의미했다. 타인의 고통에 공감하기는커녕 낄낄대며 웃는 일도 흔했다. 계몽주의 시대에도 공개 처형은 시민들의 즐거운 구경거리였다. 그런 시대에 웃음은 다분히 가학적인 뉘앙스를 띠고 있었다. '유머'라는 말도 괴상한 사람들의 엉뚱한 행동을 가리키는 개념이었다.

　그런데 근대사회로 접어들면서 일상에서의 난폭한 행위가 억제되는 방향으로 사회의 규범이 바뀌었다. 사회학자 노베르트 엘리아스는 『매너의 역사』에서 그 과정을 '문명화'의 개념으로 논하는데, 분업이 늘어남에 따라 개인 상호 간의 의존이 많아져 타인에 대한 배려가 중시되었음을 강조한다. 때와 장소에 따라 코 풀기나 침 뱉기를 삼가고, 식탁 예절 등을 준수하는 매너가 근대적인 인간의 품격으로 여겨진 것이다. 이성의 원리가 내면화되고 투쟁적인 사회관계가 지양되는 가운데, 노골적인 공격 본능을 최대한 다스려야 했

---

* 　토마스 홉스, 『리바이던』, 최진원 옮김, 동서문화사, 2013, 66쪽.

다. 또한 세련된 대화의 문화가 커피 하우스 등에서 다양하게 꽃피우면서, 유머가 부르주아의 미덕으로 숭상되기 시작했다. 이런 상황에서 조롱은 비천하고 조야한 행동으로 여겨지게 되었다.

그러나 인간이 근본적으로 바뀐 것은 아니다. 사회의 규범이나 제도로 어느 정도까지 우리의 어두운 충동을 억누를 수는 있을지언정 그 뿌리를 잘라내기는 어렵다. 그것이 걷잡을 수 없는 폭력이나 일탈 행동으로 비화되지 않도록 적절한 수준에서 분출하거나 승화시키는 장치가 필요하다. 예술이나 스포츠가 그 기능을 담당하고, 유머도 비슷한 역할을 한다고 할 수 있다. 유머는 본질적으로 어느 정도의 빈정거림이나 삐딱함을 품고 있다. 타인을 능멸하는 '우월의 웃음'(비웃음)은 말할 것도 없고, 모두가 유쾌하게 웃는 '일치의 웃음'에도 어느 정도 공격적인 요소들이 담겨 있는 경우가 많다.

동물행동학자 콘라드 로렌츠에 따르면, 웃음은 억제된 공격의 양식으로 사회적 유대를 촉진한다.* 그 외에도 웃음에 대해 여러 가지 진화론적 연구가 이뤄졌다. 예를 들어, 웃을 때 치아를 드러내는 것은 맹수들의 공격 행동에서처럼 신체적인 역량을 과시하는 한 가지 방법이라고 한다. (권투선수들이 경기 중에 가끔 상대방을 향해 웃음을 짓는 경우가 바로 여기에 해당하지 않을까 싶다.) 또한 웃음이 공격 행동에서 비롯되었다는 견해를 뒷받침하는 한 가지 단서로서, 신체적인

---

* 콘라드 로렌츠, 『공격성에 관하여』, 이화여자대학교출판부, 1986, 202쪽.

기형을 보고 웃는 경우를 거론한다. 전투에서 패배한 상대편이 상처를 입고 부상당한 모습을 보면서 느낀 쾌감이 그 뿌리라는 것이다.

이제는 그런 격투가 일상에서 벌어지지 않는다. 그 대신, 다른 여러 가지 방식으로 자신의 우월함을 확인하려고 한다. 타인의 결함이나 어리숙함이 코미디의 단골 소재가 되는 까닭이 여기에 있다. 한때 유행했던 '바보 시리즈'와 '최불암 시리즈'도 인간의 바보스러움을 드러내는 전형적인 예다. 사람은 자신을 타인과 비교하는 습성이 있고, 그 때문에 상대방이 허점을 보이면 안도감 내지 즐거움을 느낀다. 이러한 고약한 심보를 나타내는 독일어 단어가 'Schadenfreude'다. 'Schaden'은 고통을 의미하고, 'Freude'는 기쁨이라는 뜻이다. 직역하면 '고통의 기쁨'이라는 뜻으로, 다른 사람의 곤경을 보면서 느끼는 즐거움을 이른다. 한국어에도 이와 비슷한 말이 있는데, 바로 '쌤통'이다.

쌤통은 어린아이들이 쓰는 유치한 비속어 같지만, 충분히 학문적 개념이 될 수 있다. 실제로 'Schadenfreude'를 다룬 심리학자 리처드 스미스의 한국어판 책 제목이 『쌤통의 심리학─타인의 고통을 즐기는 은밀한 본성에 관하여』이다. 이 책은 '하향 비교'를 통해 자신의 열등감을 무마하는 기제로서 'Schadenfreude'를 분석하면서, 그 가운데 하나로 유머도 다루고 있다. 상대방의 실수나 약점을 확인하거나 부각시키면서 기분이 으쓱해지는 웃음 말이다.[*]

다른 사람의 곤경이나 열등함을 보고 즐거워하는 고약한 심리는 인간의 마음속 깊이 자리 잡고 있고, 그것이 유머의 코드로 연결되는 것은 자연스럽다. 어릿광대의 연기, 한국의 판소리, 찰리 채플린의 영화, 오래전 배삼용이나 이주일의 몸짓, 영국의 코미디 프로그램 「미스터 빈」 등 동서고금의 연희나 코미디들이 인간의 어수룩함을 소재로 하고 있다. 인간의 똑똑함이나 탁월함은 경탄과 부러움을 불러일으킬 수는 있어도 폭소를 자아내기는 어렵다. 바보스러움이야말로 희극의 원천이다. 다른 사람의 낭패를 보면서 고소해하는 쌤통 심리가 공통의 기반이라고 할 수 있다.

하지만 배우들은 스스로를 기꺼이 희화화하는 만큼, 보는 이들이 진짜 쌤통 심리를 즐기는 것은 아니다. 그리고 코미디는 현실이 아니라 픽션이다. 우리는 연출된 드라마를 보면서 세상을 낯선 시선으로 바라볼 수 있다. 사소한 것들로 서로를 비교하며 우열을 가르는 마음의 습관을 객관화하는 것이다. 그리고 웃음거리가 되는 배우의 말과 몸짓을 통해 자기 자신을 비춰보며, 그 지점에서 우월감과 쌤통 심리는 연민과 너그러움으로 변환된다.

이 외에도 상황을 조작하여 우월의 웃음을 자아내는 프로그램도 있다. 이른바 '몰래 카메라'로, 방송 프로그램에서 종종 채택하는 기법이다. 아예 독자적인 오락물로 제작되는 경우도 있는데, 유튜브에서 쉽게 찾아볼 수 있는 'Just for Laugh Gags'라는 영상이 대

---

*   리처드 H. 스미스, 『쌤통의 심리학』, 이영아 옮김, 현암사, 2015, 61~70쪽. 원제는 *Joy of Pain*이다.

표적이다. 이 프로그램은 연기자 두세 명이 미리 짜인 각본에 따라 길거리나 상점, 음식점 등 공공장소에서 행인이나 고객을 곤란한 상황에 빠뜨린 다음, 그 반응을 보여준다. 시청자들은 제작진과 '공모'한 입장에서 등장인물들을 바라보는데, 그들이 눈치채지 못하는 '음모'를 내가 알고 있다는 데서 자연스럽게 우월감을 느끼게 된다. 그러나 잠시 후에 연기자나 제작진이 그 모든 것이 연극이었음을 밝히고, '주인공'들과 함께 카메라를 보면서 활짝 웃는 장면으로 마무리된다. 당혹감이나 불쾌함이 유쾌한 폭소로 전환되는 순간이다. 연출된 무대에서 웃음거리로 대상화된 자신을 기꺼이 받아들이면서.

물론 이것은 유쾌한 반응만을 편집해서 그렇지, 지금 누구를 놀리느냐면서 크게 화를 내는 사람도 있을 것이다. '우월'의 코드로 작동하는 유머는 늘 위험 요소를 내포한다. 자칫하면 상대방을 모욕하는 결과로 이어질 수 있기 때문이다. 악의가 없었다고 해도 말이다. 놀이가 놀이일 수 있으려면, 상대방도 그것이 놀이임을 인식하면서 규칙에 동의해야 한다. 무엇보다 중요한 것은 그 결과가 심각하지 않아야 한다는 점이다. 신체적인 장난이 지나치면 중대한 사고로 이어지는 것처럼, 농담도 어느 선을 넘지 말아야 한다. 우스개의 대상이 된 사람이 모멸감을 느끼거나, 그것을 바라보는 제삼자가 민망하게 여기지 않는 것이 기준이 될 듯하다.

5. 난센스의 쾌감
―불일치 및 반전 이론

어느 선생님이 교장 선생님과 함께 자동차로 이동하는 중이었다. 뒷좌석에 앉아 있던 교장 선생님이 갑자기 질문을 던졌다. "만인가?"

불쑥 던진 한마디에 당황한 선생님은 뭐라고 대답해야 할지 몰라 머뭇거렸다. 그러자 교장 선생님이 다시 "만인가?"라고 되물었다. '무슨 말씀이시지?' 망설이던 선생님은 죽어 들어가는 목소리로 대답했다. "제트……"

유머 가운데 가장 단순한 것이 동음이의어에 의한 교란이다. 위의 예화처럼 발화자가 의도하지 않은 엇갈림도 있지만, 일부러 혼동되게 말장난을 하거나 퀴즈를 내는 경우가 더 많다. 같은 발음의 단어에 A와 B 두 가지 의미가 있다고 할 때, A라는 뜻으로 해석되도록 유도해놓고 B라는 뜻으로 전환시키는 것이다. 이런 종류의 언어유희는 어느 문화권에나 존재하며, 외국어로 번역이 불가능하다는 공통점을 지니고 있다. 영어로는 'pun'이라고 하고 일본어로는 '다쟈레駄洒落'라고 하는데, 발음이 매우 단순한 일본어에 동음이의

어가 많다 보니 사람들이 쉽게 구사한다.

한국에서 유행하는 아재 개그도 단순한 말장난이다. 세종대왕이 만드신 우유는? 아야어여오요우유. 소금을 가장 비싸게 파는 방법은? 소와 금을 따로따로 판다. 이런 퀴즈들에는 공통 구조가 있다. 질문을 받으면 긴장이 일어난다. 진지하게 답을 궁리하게 된다. 그런데 정답이랍시고 내놓는 것이 좀 어이가 없다. 통상적인 사유 체계에서는 나오기 어려운 엉뚱한 답이다. 하지만 말은 된다. 상식을 위배하는 논리에 뒤통수를 맞는 느낌이 들면서 웃음이 터진다.

그 웃음의 본질을 인지적인 측면에서 (앞서 살펴본 우월 이론은 정서적인 측면에 초점을 맞추고 있다) 규명하는 작업이 오랫동안 진행되어 왔는데, '불일치incongruity 이론'이라는 패러다임으로 포괄된다 (incongruity는 '어긋남' '부조화' 등으로도 번역된다). 대표적인 학자는 아서 쾨슬러로, 'bisociation'이라는 개념이 그 핵심이다. 우리말로는 '이연 연상二連聯想' '이원(二元 또는 異元) 결합'이라고 하며, 어떤 상황이나 사유에서 상호 공존할 수 없는 두 개의 규칙이 연결되는 것을 말한다. 다시 말해, 공통점이 거의 없는 두 개의 프레임이 혼합되는 것으로, 단일한 사건이 두 가지 상이한 파장으로 동시에 진동하는 것이다.* 이 이론에서 유머의 핵심은 두 가지 모순된 지각이 동시에 활성화되는 것이라고 할 수 있다.

---

*   Arthur Koestler, *The Act of Creation,* The Macmillan Company, 1964, p. 35.

어느 남자가 가게에서 옷을 훔치다가 적발되어 조사를 받게 되었다. 경찰관이 묻는다. "범행하던 그 순간에 아내와 딸 생각이 나지 않던가요?" 남자가 대답한다. "당연히 생각했지요. 그런데 그 가게에는 남자 옷밖에 없었거든요." 남자의 범행이 가족에게 큰 충격과 피해를 주리라고 생각하지 않았느냐는 의미인데, 그는 '왜 당신 옷만 챙겼느냐'라는 뜻으로 받아들인 것이다. 이런 엉뚱한 해석이 전혀 예기치 않은 의미의 진동을 일으키면서 웃음을 유발한다. 그러니까 남자의 반응은 그 나름대로 논리적이지만, 암묵적인 언어 규약을 위반한 것이다.

이렇듯 질문의 의도를 오해하여 엉뚱한 답을 하는 사례는 부지기수다. "이 회사에서는 몇 명이 일하고 있나요?"라는 질문에 사장이 답한다. "절반 정도입니다." 제대로 일하지 않고 딴짓하는 직원이 많다는 뜻이다. "부모님은 왜 우리를 사랑하실까요?"라는 질문에 어느 초등학생이 대답한다. "그러게 말입니다."

이런 유머가 성립하려면 일단 말이 돼야 한다. 그러면서 동시에 말이 안 돼야 한다. 괴리와 모순이 유머의 핵심이다. 프로이트는 이를 가리켜 '해방된 난센스의 쾌감'이라고 하고, 쇼펜하우어는 '직관과 개념의 불일치가 유머의 본질'이라고 했다. 유머는 외형적으로 언어의 문법과 논리를 충실하게 따르면서도 통상적인 생각의 회로를 뒤집고 기존의 인지적인 질서를 해체한다. 그러다 보면 의미나 이미지 사이에 충돌이 일어나고 그 부조화가 웃음보를 터뜨린다. 언어와 논리의 상투적인 규칙에서 미끄러져 나와 삐딱선을 타는 놀이, 그 엉뚱함이나 어이없음 또는 공허함이 유머의 중요한 속성이다.

오래전에 초등학교 교과서에 실린 이야기다. 두 친구가 산길을 가다가 곰을 만났다. 한 사람은 재빨리 몸을 숨겼지만, 다른 사람은 미처 그럴 겨를이 없어 땅에 엎드려 죽은 척을 했다. 곰이 엎드려 있는 사람을 잠깐 건드려보고 떠났는데, 두 친구 사이에 싸늘한 기운이 흘렀다. 자기만 살자고 혼자서 도망간 친구에 대한 섭섭한 마음 때문이었다. 대충 이런 이야기다. 그런데 나중에 밝혀진 사실이 하나 있다. 곰이 죽은 척한 친구에게 다가가 귀에 대고 조용하게 한마디 했다고 한다. "응답 싸게 사실래요?"

이런 우스개는 크게 두 부분으로 구성된다. 기대와 긴장감을 조성하는 스토리가 깔리는데, 그 부분을 '상황 설정set-up'이라고 한다. 웃음을 유발하기 위해 어떤 맥락을 빚어내면서 미끼를 던지는 것이다. 그리고 막판에 결정적인 한마디로 뒤집어버리는데, 그 지점을 '급소 문구punch line'라고 한다. 한때 유행했던 '최불암 시리즈'나 '사오정 시리즈'도 짤막한 이야기 속에 그런 얼개를 취하고 있다.

여기서 핵심은 반전反轉이다. 철학자 칸트는 이렇게 말했다. "웃음이란 긴장했던 기대가 갑자기 무無로 전환되는 지점에서 발생하는 정서다." 이 견해에 대해 '무로 전환'되는 것이 아니라 또 다른 사태로 갑자기 전환되는 것이라는 비판이 있지만, 허를 찔리는 듯하고 일종의 '습격'을 당하는 듯한 느낌은 확실하다. 벼랑 끝에 몰고 가서 갑자기 훅 밀어버리는 모습이 연상된다. 이럴 때 나오는 감탄사가 '헐!'이다. 오래전 일간지에 실린 4컷 만화를 보면, 마지막 컷에서 주인공이 뒤로 넘어지며 몸은 프레임 밖으로 나가고 다리만 보이는 장면이 심심찮게 등장했다. 너무 황당해서 순간적으로 정신을 잃어버리는 것이다. 폭소가 터지는 모습을 가리켜 흔히 '뒤집어진다'라고 하는데, 정확하게 일치하는 이미지다. 작가 베르나르 베르베르는 『웃음』이란 소설에서 유머의 전형적인 서사 전략을 다음과 같이 요약하고 있다.

> 우스운 이야기란 사고가 어떤 방향으로 흐르도록 정해주고 나서 막판에 예상 밖의 것을 제시하는 방식으로 이루어져 있습니다. 이런 이야기는 균형의 상실을 야기합니다. 이를테면 정신이 발을 헛디디고 쓰러지는 셈이죠. 정신은 실수를 만회하기 위해 일단 사고의 흐름을 차단하고 시간을 벌려고 합니다.[*]

'헛디디고 쓰러진다'라는 표현이 흥미롭다. 그 말에서 일본의 전통 예능 장르 '라쿠고落語'가 연상된다. 일인 만담인 라쿠고는 스탠드업 코미디와 비슷하면서도 훨씬 정교한 포맷을 갖추고 있다.[**] 그 이름에 떨어질 '락落'자가 들어가는 것이 흥미롭다. 무엇이 떨어지는 것일까. 라쿠고의 클라이맥스는 예상치 못한 반전이라고 할

[*]   베르나르 베르베르, 『웃음 1』, 이세욱 옮김, 열린책들, 2011, 324~25쪽.
[**] 유튜브에서 '落語'를 검색하여 동영상을 보면, 그 기본 구성과 분위기를 확인할 수 있다.

수 있는데, 이 지점에서 폭소가 터진다. 공연의 성패는 여기서 결판 난다. 화룡점정이 되어야 한다. 그 부분을 가리켜 '오찌落ち'라고 하며, 베르나르 베르베르가 말하는 '헛디디고 쓰러진다'와 일맥상통하는 표현이라고 할 수 있다.

모든 유머에는 낙차落差가 있다. 의외성이 재미의 핵심이다. 갑자기 뒤통수를 얻어맞고 잠시 머리가 하얘질 때, '헛디디고 쓰러지는' 상태가 웃음으로 표출된다. 두뇌가 받아들이기 어려운 어불성설 내지 모순에 대한 반작용, '사고의 흐름을 차단하고 시간을 벌'어 보려는 몸짓이 웃음으로 드러나는 것이다. 거기에는 통념과 상식의 논리적 회로가 뒤집어지는 데서 오는 통쾌함도 있다. 기대를 완전히 무너뜨리는 이야기 전개가 듣는 이들을 뒤집어지게 한다.

그 즐거움의 정체는 무엇일까. 진화심리학(인간의 마음은 기나긴 적응의 과정에서 형성된 프로그램이라는 전제에서 출발하는 학문)의 관점으로 유머를 분석한 매튜 허를리는 흥미로운 설명을 내놓은 바 있다. 그에 따르면, 인지적 기대나 신념의 오류를 검출한 것에 대한 보상으로 쾌감이 주어진다.* 예를 들어 안경을 어디에 두었는지 잊어버려 집안 곳곳을 찾아 헤매다가, 문득 거울에 비친 자기 얼굴에 안경이 걸쳐져 있다면 피식하고 웃음이 나올 것이다. 안경이 어딘가에 떨어져 있을 것이라는 믿음이 틀렸음을 자각하는 순간, 우리

* Matthew M. Hurley(et al.), *Inside Jokes: Using humor to reverse-engineer the mind*, MIT Press, 2011.

는 자신의 착각에 대해 개탄하기는커녕 야릇한 즐거움을 느낀다. 오류를 발견했을 때 웃음으로 반응하는 까닭이 거기에 있다.

많은 유머에 깔려 있는 불일치 코드는 안경 찾기 사례에서와 같은 실수와 본질적으로 동일하다. 다만, 유머는 일부러 그런 괴리를 조성하고 긴장을 유발하여 웃음을 빚어낸다. 언어를 가지고 놀면서 생각의 자유로움을 맛보는 것이다. 합리성과 개념적 명료함은 우리의 생활, 다른 사람과의 소통 및 관계 맺기, 정치와 경제 등 공적 영역에서 매우 중요하다. 그러나 인간의 마음과 세계에는 이성적 질서로 포착되지 않는 애매한 부분이 거대하게 존재한다. 아무리 정밀한 개념과 논리로 포착하려 해도 절대로 명료하게 드러나지 않는 그 무엇이 이면에 공존하는 것이다. 언어의 불확정성 내지 불완전성은 '흠'이 아니라, 생각의 숨통을 열어주는 '틈'이다.

그런데 불일치가 언제나 재미를 유발할까? 합리성이나 관습적인 기대를 깬다고 해서 반드시 유머가 되는 것은 아니다. 사회 곳곳에 만연하는 비리, 책임져야 할 사람들이 변명하느라 둘러대는 궤변이나 억지 주장 등은 불쾌함과 분노를 자아내는 경우가 더 많다. 상식을 배반하는 헛소리는 헛웃음이 나올지언정, 결코 즐거움이 되지 못한다. 그렇다면 부조화나 비상식이 부조리나 몰상식이 아니라 유머로 받아들여지기 위해서는 어떤 조건이 필요할까?

최근에 나온 유머 이론 가운데 주목받는 것으로 '양성良性 위반 이론benign violation theory'이 있다. 피터 맥그로라는 행동과학자와

조엘 워너라는 기자가 함께 쓴 『나는 세계일주로 유머를 배웠다』*
라는 책(한국어 제목 때문인지, 서점에서는 엉뚱하게 여행서로 분류된다)
에서 제시된 모델이다. '양성'이란 '악성'의 반대말로서, 위반을 하
되 나쁜 의도나 부정적인 결과로 이어지지 않아야 한다는 뜻이다.
일찍이 다윈도 이와 유사한 이론을 설파한 바 있다. 그는 유머의 조
건으로 두 가지를 들었는데, 하나는 의외성이나 불일치, 다른 하나
는 안전함과 유희성이다. 상식과 통념을 뒤집되, 심각하지 않은 상
황이어야 한다는 의미다.

예를 들어 친구가 넘어지면 웃음이 터질 수 있지만, 몸을 다쳐
서는 안 된다. 간지럼도 그 이론에 적용될 수 있다. 자기 몸을 스스
로 간지럼 태우면 위반이 아니다. 예측되고 통제되는 자극이기 때
문에 별다른 느낌이 없다. 다른 사람이 간지럼을 태워야 웃음이 나
온다. 그런데 길 가던 사람이 갑자기 달려들어 간지럼을 태운다면?
소름 돋는 상황이다. 또한 친한 사람이라고 해도 적당히 하다가 멈
춰야지, 정도가 심하거나 끝도 없이 간지럼을 태우면 재미가 혐오
로 바뀔 수 있다. 유머에서도 그 경계를 잘 가늠하는 것이 무척 중
요한데, 그 분별력은 인공지능으로도 프로그램화하기가 어렵다고
한다.

어떤 위반이 '양성'인지 아닌지에 대해서는 일단 '사고를 친' 사

＊ 피터 맥그로·조엘 워너, 『나는 세계일주로 유머를 배웠다』, 임소연 옮김, 21세기북스,
2015. 원제는 *The Humor Code*다.

람에게 의도가 있었는지, 의도가 있었다면 악의였는지 아닌지로 판별된다. 어느 장례식장에서 있었던 일이다. 한 조문객의 휴대전화가 울렸는데, 공교롭게도 「스테잉 얼라이브Staying Alive」라는 노래의 후렴구였다. 잠시 어색한 정적이 흘렀지만 곧 웃음바다로 변했다. 죽음을 애도하는 엄숙한 의례와는 전혀 어울리지 않는 음악이 흐른 것은 당황스러운 사태지만, 뜻하지 않은 우연이기에 웃어넘길 수 있다. 이런 사례도 있다. 어떤 코미디언이 교도소에 가서 위문 공연을 했다. 공연이 잘 끝나고 마지막 인사를 건네며 그가 말했다. "여러분, 감사합니다. 내년에 다시 뵙겠습니다." 폭소가 이어졌다. 두 사례 모두 단순한 실수였기에 유쾌한 웃음이 터진 것이다.

우리는 상대방이 어떤 사심이나 나쁜 목적을 갖고 행동하는 것이 아니라는 것을 직관적으로 확인하면서 마음 편히 웃을 수 있다. 말하자면, 인간적인 신뢰가 바탕에 깔려 있는 것이다. 그러한 상관관계는 유아기의 체험에서 시작된다. 엄마가 살짝 숨어 있다가 "까꿍" 하고 나타날 때, 아이는 엄마의 부재에 일말의 긴장과 두려움을 느끼지만 버림받은 것이 아님을 믿기에 깔깔 웃을 수 있다. 반복되는 장난을 통해, 엄마가 보이지 않는다고 해서 사라진 것이 아니라는 것을 깨닫는다.

그런데 만일 엄마가 너무 오랫동안 숨어 있거나 아예 사라져버린다면? 그 공포감이 트라우마가 되어 더 이상 그런 놀이를 즐길 수 없을 것이다. 실제로 어린 시절에 제대로 보살핌을 받지 못한 아기들은, 충분하게 보살핌을 받은 아기들이라면 웃음으로 반응할 자극에 대해 울음을 터뜨리는 경우가 많다고 한다. 마찬가지로 성장 과정에서 거절당한 경험이 많다면, 결별이나 절교를 연상케 하는 장난이나 유머를 편안한 마음으로 즐길 수 없으리라. 어떤 외적 변수나 타인에 의해 일방적으로 배척당한 경험을 통해 축적해온 불안 감 때문이다. 상황을 제어하면서 자기 운명의 주인공이 될 수 있다는 믿음이 긍정적인 자아 개념으로 연결되고, 타인과의 안전한 관계를 빚어내는 토대가 된다. 정서적 신뢰는 유머가 작동하기 위한 필수적인 요건이다.

3부
유머 감각의
여섯 기둥

"미스 유니버스는 왜 항상 지구에서만 나오는가?"
탁월한 유머는 남다른 시선에서 발동한다. 당연시되는 경험을 뒤
집어 보고 자명해 보이는 개념에 딴지를 걸면서 웃음을 자아낸다.

유쾌한 사람은 농담을 적절하게 잘 활용하며, 상쾌한 사람은 농담에 웃어줄 줄 알며, 경쾌한 사람은 농담을 멋지게 받아칠 줄 알며, 통쾌한 사람은 농담의 수위를 높일 줄 안다. 고민스럽고 복잡한 국면에서, 유쾌한 사람은 상황을 간단하게 요약할 줄 알며, 상쾌한 사람은 고민의 핵심을 알며, 경쾌한 사람은 고민을 휘발시킬 줄 알며, 통쾌한 사람은 고민을 역전시킬 줄 안다.

—김소연, 『마음사전』에서*

유머 감각이 칭송받는 세상이다. 타인에게 웃음을 선사할 줄 아는 사람들이 인기를 얻는다. 누구나 그 미덕을 갖추고 싶지만, 쉽지가 않다. 어떻게 하면 남들을 즐겁게 할 수 있을까. 작가 토마스 만은 이렇게 말했다. "유머란 배워서 터득할 수 있는 것이 아니다. 그것은 타고난 감각과 오성, 진정한 선의의 인내와 관조와 남을 사랑하는 마음으로부터 비롯될 수 있는 것이다. 그래서 진정한 유머는

* 　김소연, 『마음사전』, 마음산책, 2008, 70쪽.

107

그렇게 찾아보기 힘든 것이다."* 토마스 만이 쿠르트 괴츠라는 소설가의 장례식장에서 그의 유머 정신을 기리면서 읊었던 추도사다.

　유쾌한 웃음을 선사하며 인기를 누리는 사람들은 그를 위해 특별한 노력을 기울이지 않아도 천부적 감각으로 그렇게 하는 듯 보인다. 과연 유머 감각은 선천적인 것인가, 아니면 후천적으로도 학습될 수 있는가. 이는 자주 제기되는 질문이다. 그런데 질문 자체가 구태의연하고 도식적이다. 이분법에서 벗어나야 한다. 인간의 능력이나 감각은 어느 것이든 타고난 부분과 터득한 부분이 섞여 있기 때문이다. 예를 들어 패션 감각이나 방향 감각도 개발하면 나아진다. 공부, 예술, 스포츠 등에서 발휘되는 역량도 마찬가지다. 모든 분야에서 재능은 중요하지만, 어느 역량이든 열심히 연마하면 조금이라도 향상되기 마련이다. 다만, 최고 수준으로 올라가려면 남다른 '텔런트'를 타고나야 한다.

　유머 감각도 마찬가지다. 보통 사람이 프로 코미디언 정도의 민첩한 두뇌 회전과 언어 감각을 체득하기는 어렵겠지만, 꾸준하게 노력하면 크게 향상시킬 수 있다. 예를 들어, 대중들에게 많은 웃음을 선사하는 서민 교수는 외모 콤플렉스를 극복하기 위해 초등학교 시절부터 어떻게 하면 남을 웃길 수 있을까를 면밀하게 연구하고 다양한 시도를 하면서 유머리스트로서의 자질을 키웠다고 한다. 인

＊　쿠르트 괴츠, 『다락 속의 연인』, 김창활 옮김, 고려원, 1979, 274쪽의 「옮긴이의 말」에서.

간은 유전적인 프로그램에 의해서 결정되는 부분보다 학습과 경험에 의해 형성되는 부분이 더 큰 동물이다. 따라서 어떤 기량이든 힘써 배우면 어느 정도는 업그레이드된다.

모든 것이 그렇지만, 특히 유머 감각은 단기간에 늘지 않는다. 그리고 유머는 쉽고 간단해 보이지만, 매우 복합적인 요소들이 맞물려 작동한다. 지능, 언어 감각, 정서적인 결, 타인과의 상호작용, 공유하는 기억, 서로에 대한 이미지, 그것을 둘러싼 사회적 맥락 등 여러 가지 변수들이 연결되어 있다. 이것들이 잘 맞아떨어지면 저절로 유머가 터져 나오지만, 어그러진 상황에서는 아무리 애를 써도 웃음이 일어나지 않는다. 그렇다면 유머 감각은 무엇일까. 그것은 어떻게 길러질 수 있을까. 여기에서는 그 구성 인자를 여섯 가지로 나누어 살펴본다.

1. 포착
—자기만의 독특한 관점

내면적으로 자유롭다고 느낄 때, 당신은 실제로 원하는 목표를 추진할 수 있다. 유머는 배워서 얻을 수 있는 대상이 아니다. 사실은 여러분 모두의 마음속에 잠재되어 있다. 중요한 것은 이처럼 내면에 잠재되어 있는 유머라는 자원에 접근하는 통로를 발견하는 일이다. 다른 사람들과 교류할 때는 선입견과 금기를 잘라내라.

—토마스 홀트베른트, 『웃음의 힘』에서*

피카소가 남긴 작품 가운데 「소의 머리」가 있다. 얼핏 보면 별것 아닌 조형물이다. 주변에서 흔히 볼 수 있는 사물들을 적당히 연결시킨 듯하다. 실제로 폐자전거에서 안장과 손잡이를 가져다가 이어 붙인 것으로, 누구나 금방 만들어낼 수 있을 만큼 간단한 형태다. 그런데 이 작품이 경매에서 무려 300억 원에 팔렸다. 물론 피카소라는 이름값 때문이겠으나 그 가치는 그의 비범한 발상에서 연유한다고 볼 수 있다. 버려져 있는 자전거는 주변에서 쉽게 발견되지

---

*   토마스 홀트베른트, 『웃음의 힘』, 배진아 옮김, 고즈윈, 2005, 218쪽.

만, 그 부품들에서 소의 머리를 상상하는 것은 별난 재능이다.

현대미술에서는 대상을 충실하게 모사하기보다 새로운 관점으로 해석하고 재현하는 것이 중요하다. 살바도르 달리나 르네 마그리트 등의 작품을 들여다보고 있으면 빙그레 웃음이 나온다. '시각적 조크'라고 할까. 경험이나 세상을 포착하고 그것을 재구성하는 방식이 유머러스하다. 실제로 유머와 예술은 서로 일맥상통하는 데가 있다. 참신한 안목으로 사물을 표상하는 것, 실제로는 가능하지 않은 방식인데 그렇게 존재하는 듯 바라보는 것이 그러하다. 기발한 농담과 유쾌한 미적 경험에는 획기적이고 특유한 관점이 공통적으로 깔려 있다.

탁월한 유머는 남다른 시선에서 발동한다. "미스 유니버스 우승자는 왜 항상 지구에서만 나오는가?" 어느 미국 코미디언의 말로, 당연시되는 경험을 뒤집어 보고 자명해 보이는 개념에 딴지를 걸면서 웃음을 자아내고 있다. 엉뚱해 보이지만, 오히려 그 본질을 명쾌하게 드러낸다. 이른바 독설이라는 것도 비슷한 효능을 발휘한다. "결혼하는 여성은 많은 남성의 관심을 한 남성의 무관심과 교환하는 것이다." 미국의 칼럼니스트 헬렌 로우랜드Helen Rowland가 결혼에 대해 던진 촌철살인으로, 고귀하게 여겨지는 가치나 관행을 비꼬면서 그 실상을 드러내고 있다.

그런 작업에 집중적으로 매달린 사람이 있다. 미국의 신문기자이자 풍자작가인 앰브로스 비어스는 2,000여 개에 달하는 단어들을 풍자적으로 풀이한 『악마의 사전』을 펴냈다.* 책의 제목이 암시하듯, 세상사의 부정적인 측면을 악의적으로 들춰내면서 인간의 민낯과 삶의 부조리를 고발한다. 몇 가지 흥미로운 것을 뽑아보면 다음과 같다.

> * **결혼** 주인 한 사람, 주부 한 사람, 거기다 노예 두 사람으로 구성되지만, 결국은 전부 합쳐 두 사람이 되고 마는 공동체의 상태 또는 경우.

> * **성공** 자기 동료에게 범하는 용서 못 할 오직 한 가지 죄.

> * **우정 friendship** 날씨 좋을 때는 두 사람이 충분히 탈 수 있으나, 날씨가 나쁠 때는 오직 한 사람밖에 탈 수 없는 배 ship.

> * **험담하다** 상대방에게 들킬 염려가 없을 때, 그에 관해 본 그 대로를 입에 담다.

너무 삐딱하게 바라본다는 생각이 들면서도 무릎을 치며 웃게 되는 것은, 실제로 그런 측면이 있음을 부인하기 어렵기 때문이다. 의외의 통찰은 유머의 본질이다. 그런 점에서 예로부터 전해 내려오는 여러 나라의 속담들도 다분히 유머적인 속성을 담고 있다.

비범한 통찰력을 가지려면 상투적인 생각과 피상적인 인식에서

＊ 앰브로스 비어스, 『악마의 사전』, 정시연 옮김, 이른아침, 2005. 18쪽, 112쪽, 154쪽, 238쪽.

벗어나야 한다. 어떻게? 효과적인 방법 가운데 하나가 바로 '관찰'이다. 화가 앙리 마티스는 "본다는 것은 그 자체로 노력을 요구하는 창조적 작업이다"라고 했다. 보이는 것에 머물지 않고 보이지 않는 것을 탐색하는 것은 의식적으로 수행해야 하는 과제라는 말이다. 이는 예술가들이 늘 하는 작업이고, 시인들 역시 그런 눈을 갖고 있다. 영화 「시」(감독: 이창동)에서 평생학습센터 문학 강좌의 강사로 출연한 김용택 시인은 이렇게 말한다.

> 여러분은 지금까지 이 사과를 몇 번이나 봤어요? 천 번? 만 번? 백만 번? 틀렸어요. 여러분은 지금까지 이 사과를 한 번도 본 적이 없어요. 여러분은 사과를 진짜로 본 게 아니에요. 사과라는 것을 정말 알고 싶어서, 관심을 갖고, 이해하고 싶어서, 대화하고 싶어서 보는 것이 진짜로 보는 거예요. 오래오래 바라보면서 사과의 그림자도 관찰하고 이리저리 만져보면서 뒤집어도 보고, 한입 베어 물어도 보고 사과에 스민 햇볕도 상상해보고, 그렇게 보는 게 진짜로 보는 거예요. 무엇이든 진짜로 보게 되면 뭔가 자연스럽게 느껴지는 것이 있어요. 샘에 물이 고이듯이 종이와 연필을 들고 그 순간을 기다리는 거예요. 흰 종이의 옆에 순수한 가능성의 세계, 창조 이전의 세계, 시인에게는 그 순간이 좋아요.

습관적인 시선에 갇히지 않고 어린아이가 세상에 처음 눈길을 보내듯 경이롭게 경험을 바라볼 필요가 있다. 늘 익숙하게 지나쳐 온 대상들에 낯선 시선으로 다가가는 것인데, 예를 들어 이런 방법으로 연습해볼 수도 있다. 일상에서 흔히 접하는 물건 하나를 앞에 놓고 20~30분 정도 깊이 응시하면서, 거기에서 떠오르는 단어와 기억을 메모하는 것이다. 의외로 많은 것들이 연상되고 마인드맵처럼 그려진다. 여럿이 모여서 놀이나 워크숍처럼 진행하고 그 결과를 나눈다면 더욱 다채로워질 것이다. 그러한 과정을 통해 우리는 대상을 다각적으로 들여다볼 뿐만 아니라, 그 안에 함축된 의미를 끝없이 캐낼 수 있다. 선입견과 고정관념의 굴레에서 자유로워지는 길이 거기에 있다.

'상자 바깥에서 생각하기.' 창의성을 정의하는 이 말은 유머에도 그대로 적용될 수 있다. 구태의연한 틀로 대상을 인식하는 마음의 관성에서 의식적으로 빠져나오려는 몸부림이 유머의 근력을 키워준다. 그런데 무엇을 관찰해야 할까. 현상이나 대상 자체에 집중하는 것도 중요하지만, 그 안에 깃들어 있는 상관관계에도 주목할 필요가 있다. 고전평론가 고미숙은 이렇게 말한다.

> 진정한 유머는 무엇보다 사건과 사건, 사람과 사람 사이의 차이와 간극을 관찰하는 힘이 있어야 한다. 그럴 때 그의 말 속에는 사람들의 고정관념을 깨는 기발한 착상들이 쏟아져 나오게 되고 그것이 사람들로 하여금 웃음을 야기하게 되는 것이다.*

* 고미숙, 『공부의 달인 호모 쿵푸스』, 북드라망, 2012. 110쪽.

인간은 누구나 저마다의 소우주에서 살아가고 있다. 그 우주들 사이에는 간격이 있다. 그것은 갈등의 씨앗이 될 수 있지만, 정반대로 놀이의 원천이 되기도 한다. '이것'을 '저것'으로 상대화하고, '저것'을 '그것'으로 뒤집으면서 관점의 만화경을 체험할 수 있다. 다의성과 애매함에 편승하여 고정관념을 흔드는 기지機智가 유머의 진수다. 미세한 차이를 비집고 들어가, 그 틈새에서 전혀 새로운 의미 공간을 창조해내는 연금술이 유머다.

그러므로 유머 감각을 키우려면 다른 사람의 마음을 잘 살펴야 한다. 공감 능력을 키우고 소통이 이뤄지는 맥락에 세심한 주의를 기울여야 한다. 그러다 보면 사람과 사람 사이의 차이에 민감해진다. 그 차이를 갖고 놀 수 있는 여유가 생기고, 생각의 칸막이를 무너뜨리면서 새로운 발상으로 자유롭게 뻗어나갈 수 있는 힘이 솟아오른다. 유머는 차이를 재미로 변환시키는 삶의 예술이라고 할 수 있다. 이러한 관점은 인간관계의 묘미를 일깨워준다. 김소연 시인도 『마음 사전』이라는 책에서 농담의 역동성을 이렇게 풀이한다.

> 농담은 무장을 풀게 한다. 〔……〕 사람들은 흔히, 생각이 같아서 치는 맞장구에는 저절로 안도를 느끼지만, 생각의 차이 앞에서는 예민해지고 배타적이게 되므로, 그 차이를 멋진 농담으로 언급한다면, 차이가 발견될 때마다, 상대방은 흥미가 생기고 미리 기분이 좋아져서 귀를 쫑긋 세우게 된다. 차이 때문에 타자가 멀게 느껴지는 게 아니라 오히려 더 멋지게 보이는

느낌. 〔……〕 농담을 잘하는 사람은 대화를 하며 상대방을 그네에 태운다. 다가올 때마다 등을 힘껏 밀어 높이 띄워준다. 마주 앉은 자리보다 훨씬 높고 먼 곳으로 가게 한 다음, 더 크게 자신 쪽으로 오게 하기 위해서다.*

사람과 사람 사이에는 여러 가지 다름이 있기 마련이다. 그런데 우리는 그것을 제대로 다루지 못할 때가 많다. 생각이나 입장의 차이를 부질없는 대립으로 악화시키기 일쑤고, 아예 회피하고 외면하면서 유유상종의 폐쇄 회로에 스스로를 가두는 경우도 많다. 그런데 그 차이를 유머로 승화시킨다면 오히려 정서적인 접착제가 될 수 있다. 상대방과의 거리를 유쾌한 긴장으로 즐기면서 대화의 멋을 빚어내는 것이 농담의 힘이 아닐까. 그 절묘함과 예리함은 인문학적 상상력과 감수성에서 우러나온다.

'관찰'은 우리 내면에 잠재되어 있는 유머의 자원에 접근하는 중요한 통로다. 그것은 반짝이는 '통찰'로 연결되어 리얼리티에 대한 참신한 직관을 불러일으킨다. 그런데 그 모든 것의 바탕에는 자아에 대한 깊은 '성찰'이 깔려 있다. 마음의 움직임을 알아차리는 내면 작업이 필요하다. 거기에 비춰지는 상像들을 주의 깊게 살피다 보면, 타인과 세계를 드넓게 이해하는 눈이 뜨인다. 마음과 마음 사이에 텅 빈 공간이 열리고, 몽글몽글 농담이 피어나 웃음으로 번져

★   김소연, 『마음사전』, 157~58쪽.

간다. 시詩적인 각성이 일어나는 순간으로, 문학평론가 고 황현산 선생의 말은 그 대목을 잘 짚어준다.

> 선입관을 갖거나 마음이 다른 것으로 꽉 차 있으면 절대로 시를 잘 이해하지 못한다. 〔……〕 비유적인 표현인데, 선입견이나 지식에 의지하지 말라는 얘기다. 일상생활에서 사람들이 농담을 이해하고 알아채는 순간이 마음을 비우고 있는 순간이다.*

---

* 신준봉, 「글 잘 쓸려면 선입견 버리고 정직하게 써야—황현산 교수 인터뷰」, 『중앙일보』, 2017. 10. 14.

2. 표현
—의미를 변주하는 언어의 연금술

나는 세상에 태어났을 때 너무 놀랐다. 그래서 1년 반 동안 아무 말도 할 수가 없었다.

—미국의 코미디언 그레이시 앨런

유머는 기본적으로 말장난이다. 어린아이들은 말을 배우기 시작해서 어느 단계가 지나면 언어의 유희성을 깨닫게 된다. 말끝 잇기 놀이나 스무고개, 수수께끼 등을 주고받으며 의미의 미로를 탐색하기 시작하고, 엉뚱한 논리에 유쾌하게 반응하며 유머의 세계에 진입한다. '불일치'라는 개념을 중심으로 유머를 설명하는 이론을 떠올려보자. 통념을 뒤집는 난센스에 웃음이 터져 나온다. 여러 가지 장면에서 사건, 몸짓, 옷차림 등으로 기대에 어긋나게 하는 것이 유머의 한 가지 양식인데, 무엇보다도 말을 통해서 일어나는 의미의 교란이 가장 많은 부분을 차지한다. 따라서 유머 감각의 절반 이상은 언어 감각이다.

유머 감각을 키우는 초보적인 방법 가운데 하나가 웃기는 이야기를 외워서 들려주는 것이다. 유머 모음집이나 인터넷을 검색하면 얼마든지 수집할 수 있고, 여기저기서 얻어듣는 유머를 메모하거나 기억해두었다가 요긴하게 활용할 수 있다. 그런데 그것이 의외로 쉽지가 않다. 들을 때는 배꼽 잡고 웃었는데, 막상 내가 들려주니 반응이 영 시원치 않다. 왜 그럴까? 내용이나 구성을 정확하게 기억하지 못해서 또는 빵 터뜨리는 지점, 즉 급소 문구가 두루뭉술해서 그럴 수 있다. 긴장과 기대를 서서히 끌어올렸다가 한순간 푹 떨어뜨리는 '낙차'를 효과적으로 연출하지 못한 것이다.

그러니까 화술의 문제일 수 있다. 상황을 실감 나게 묘사하기 위해서는 말투나 억양, 표정 등이 섬세하게 구사되어야 한다. 타고난 입심이 없다면 꾸준한 연습이 필요하다. 하지만 우리는 일상에서 정보 기기에 몰두하느라 대화할 시간이 줄어들고, 그 결과 구술 능력이 점점 퇴화하게 된다. 스토리텔링의 경험이 쌓여야 한다. 마음을 열고 생생한 이야기를 나눌 수 있는 자리를 자주 가져보시라. 정말로 말주변이 부족하다면 집중적으로 훈련을 받는 것도 방법이다. 연극 동아리에 가입해 발성에 관한 코치를 받을 수도 있고, 큰 목소리로 책을 읽는 것도 도움이 될 것이다.

화술과 함께 어휘력도 중요하다. 의미를 능숙하게 변주할 수 있으려면 다룰 수 있는 도구 내지 재료가 넉넉해야 한다. 유머의 토대가 되는 자원 가운데 중요한 것이 어휘 구사력이다. 상황이나 느낌을 다양한 단어로 묘사하고 표현할 수 있을수록 '이중 연상'의 효과를 낼 수 있다. 어휘력은 글쓰기와 말하기에서 핵심을 이룬다. 예를 들어, 요즘 청소년들이 쓰는 감탄사가 '헐' '대박' '짜증'이라는 세 가지 표현밖에 없다고 하는데, 그럴 경우 감정을 드러내거나 상황을 묘사하는 방식이 지극히 제한된다. 유머에서도 마찬가지다. 어휘가 빈곤하면 의미를 비틀어 새로운 언어 공간을 창출하는 데 한계가 있다. 동의어, 유의어, 반대말 등으로 풍성하게 데이터베이스를 구축해야 한다. 외국어를 배울 때 어휘를 익히듯이, 한국어도 의식적으로 연마할 필요가 있다. 웬만한 단어는 들으면 의미를 알지만, 주어진 상황에 맞춰 자유자재로 구사할 수 있는 단어는 의외로 한정되어 있기 때문이다.

어휘의 양보다 중요한 것은 단어들 사이의 유연하고 참신한 연결망이다. 뇌 과학 용어로 말하자면, 시냅스(전기적 신경 신호를 전달하는 부위)의 문제다. 사고력이 뛰어난 사람은 두뇌 안에 시냅스가 다차원적으로 배치되어 있다. 그래서 어떤 단어를 떠올리면, 여러 단어들이 연상되어 진동한다. 어떤 대상을 목격하거나 상황을 경험할 때 다양한 이미지가 따라온다. 그러한 네트워크의 범위가 넓을수록 말장난을 능숙하게 할 수 있다. 어휘를 인출하고 의미를 결합하는 검색 엔진의 성능이 높아지는 것이다.

그런 작업을 집중적으로 하는 이들이 바로 시인이다. 앞 장에서 언급했듯이, 시적인 발상에는 유머러스한 관점이 짙게 배어 있다. 시인들은 일상의 사소하고 진부한 경험에서 기이한 발견과 통찰을 끌어낼 때가 많은데, 그런 시선과 표현 방법이 머리를 탁 트이게 하면서 웃음을 자아낸다. 짧고 대중적인 작품으로 SNS에서 인기를 누리고 있는 하상욱 시인의 「모스키토」*를 보자.

원하는 건
가져가

꿈꾸는 건
방해 마

보통 사람들은 모기가 눈에 띄면 때려잡기에 급급한데, 시인은 동등한 생명체로서 살아갈 권리를 인정하며 공존의 길을 제안하고 있다. 그런데 그 발상이 사뭇 만화적이다. 시적인 발상은 똑같은 현상이나 경험에서 의외의 것을 발견하도록 이끌어준다. 또 다른 예를 보자. 유강희 시인의 동시 「차가 지나갔다」**이다.

웅덩이가
날개를
편다

빗물 고인 웅덩이 위로 차가 지나가는 장면은 누구나 쉽게 접하지만, 거기에 새의 날갯짓을 연결하는 상상력은 아무나 발휘할 수

 *   하상욱, 「모스키토」, 『서울 시』, 중앙북스, 2013.
 ** 유강희, 「차가 지나갔다」, 『손바닥 동시』, 창비, 2018, 65쪽.

없다. 은유적으로 생각하기를 연습하면 그런 눈썰미가 생겨날 것이다. 유머의 상당 부분도 메타포다. 은유적인 발상으로 이야기를 구성한 우스개들이 많다. 어미 새가 새끼 새를 데리고 하늘을 날고 있었다. 그런데 옆에서 제트기가 날아갔다. 새끼 새가 깜짝 놀라면서 말했다. "야, 되게 빠르네!" 그러자 어미 새가 하는 한마디. "너도 한번 꼬리에 불붙어봐."

정치인으로서 탁월한 유머 감각을 발휘했던 고 노회찬 의원도 비유의 달인이었다. 기존 정치의 기득권을 깨야 한다는 주장을 "50년 동안 한 판에서 계속 삼겹살을 구워 먹어서 판이 새까맣게 됐다. 이제 삼겹살 판을 갈아야 한다"라고 했고, 고위공직자범죄수사처 설치에 반대하는 목소리에는, "동네 파출소 생긴다고 하니까 동네 폭력배들이 싫어하는 것과 똑같은 것"이라며 "모기들이 반대한다고 에프킬라 안 삽니까"라고 돌직구를 날린 것이 어록으로 남아 있다. 복잡해 보이는 상황의 본질을 구체적인 현상에 빗대어 명쾌하게 드러내는 화법이 대중들에게 호소력을 가졌다.

은유와 함께 많이 채용되는 유머의 또 다른 언어 전략은 과장법이다. 쉽게 말해서 '뻥'이다. 이 글 첫머리에 인용한 "나는 세상에 태어났을 때 너무 놀랐다. 그래서 1년 반 동안 아무 말도 할 수가 없었다"라는 말도 대단한 능청이다. 아기가 말을 하지 못하는 당연한 사실에 황당한 이유를 달아 허풍을 떨고 있다. 우리가 자주 듣는 '뻥'도 있다. 용달차에 해산물을 싣고 다니면서 파는 상인이 녹음해서 내보내는 말로 "동해 바다가 통째로 왔어요~"

말하자면, 농담은 일종의 거짓말이다. 그런데 진짜 거짓말과의 차이는 듣는 사람도 거짓임을 안다는 점이다. 가짜 거짓말인 셈인데, 화자도 상대방이 거짓임을 알면서 받아들일 것이라고 믿는다. 만일 그 맥락이 제대로 전달되지 않아 상대방이 진짜로 믿으면, "농담이야"라고 발언의 성격을 밝힌다.

과장과 반대로, 축소하여 비유하는 것도 유머의 한 가지 전략이다. 예를 들어 누군가가 "영어를 참 잘하시네요"라고 칭찬을 건넸을 때, 이렇게 대답하면 어떨까. "예. 우리 집 강아지보다는 잘한답니다." 틀림없는 사실인데 엉뚱한 비교를 함으로써, 칭찬을 기꺼이 받아들이면서도 어색한 분위기를 누그러뜨릴 수 있다.

유머란 언어를 매개로 경험을 자유롭게 재구성해가는 놀이라고 할 수 있다. 실재와 가상을 넘나들면서 세계를 만들고 변형해가는 언어 게임인 것이다. 그런데 언어는 단순한 도구일까? 흔히 우리에게 어떤 생각이 먼저 있고 그것을 언어로 담아낸다고 여겨진다. 그러나 애당초 아무 생각이 없거나 막연했는데, 말이나 글로 표현하는 과정에서 생각이 발견 내지 창출되거나 명료해지기도 한다. 마찬가지로, 이미 존재하는 대상이나 상황을 인간이 언어로 설명할 때가 많지만, 언어 행위 그 자체가 어떤 리얼리티를 생성하는 경우도 적지 않다.

모두가 막연하게 느끼고 있던 것을 누군가가 한마디로 정확하게 짚어낼 때, 우리는 일제히 빵 하고 터진다. 언어의 힘이 확연하게 드러나는 순간이다. 언어는 메시지를 전달하는 수단이 아니라, 메시지 그 자체를 생성하는 원천이다. 인간이 언어를 발명했지만, 언어는 삶을 빚어낸다. 유머 감각을 키우려면 우선 언어의 창고를 풍성하게 꾸려야 한다. 그리고 단어들에 담겨 있는 의미 코드를 다층적으로 꿰고 있으면서, 맥락에 따라 입체적으로 조합할 수 있어야 한다. 그것은 의식적인 작업이면서 무의식적인 작용이기도 하다. 언어가 생동하면서 스스로 조각보를 짜나가도록 마음의 판을 열어놓는 것이 유머 감각의 비결이다.

3. 연기
―가상의 시공간을 빚어내는 상상력

-이게 마지막 버스지?

-한 대 더 남었슈.

-손님도 없는데 뭣하러 증차는 했댜?

-다들 마지막 버스만 기다리잖유.

-무슨 말이랴? 효도관광 버슨가?

-막버스 있잖아유. 영구버스라고.

-그려, 자네가 먼저 타보고 나한테만 살짝 귀뜸해줘. 아예, 그 버스를 영구적으로 끌든지.

-아이고. 지가 졌슈.

-화투판이든 윷판이든 지면 죽었다고 하는 겨. 자네가 먼저 죽어.

-알았슈. 지가 영구버스도 몰게유. 본래 지가 호랑이띠가 아니라 사자띠유.

-사자띠도 있남?

-저승사자 말이유.

-싱겁긴. 그나저나 두 팔 다 같은 날 태어났는데 왜 자꾸 왼팔만 저리댜?

-왼팔에 부처를 모신 거쥬.

-뭔 말이랴?

-저리다면서유? 이제 절도 한 채 모셨고만유. 다음엔 승복 입

고 올게유.

–예쁘게 하고 와. 자네가 내 마지막 남자니께.

　　　　　　　　　　　　　　—이정록, 「청양행 버스기사와 할머니의 독한 농담」*

　예전에 어떤 행사에 참석하느라 주최 측에서 대절한 관광버스를 타고 지방에 다녀온 적이 있다. 일정이 끝나고 돌아오는 길에 중간에서 일부 승객들이 먼저 하차하는데, 기사 아저씨가 인사를 건네면서 한마디 덧붙였다. "저, 멀리 못 나가유~" 무미건조한 이동의 공간을 따스한 교감의 장으로 바꿔내는 감수성이 돋보였다. 앞서 인용한 시에서도 버스 기사는 할머니와 걸쭉한 농담을 주고받고 있다. 주어진 일에 충실하면서도 그 안에 작은 틈을 열어 또 다른 세계를 빚어내는 유머, 그것은 연극적인 상상력으로 빚어진다.

　연극이라고 하면 자신과는 상관없는 분야라고 흔히 생각하지만, 어릴 때 우리는 모두 연극을 즐겼다. 발달심리학자 장 피아제에 따르면, 아이들의 성장 과정에서 놀이는 인지 발달에 따라 세 단계를 거친다. 0~2세까지는 감각 운동기로, 신체를 움직이고 사물을 만지작거리면서 재미를 느낀다. 연습 놀이practice play라고 한다. 그다음 2~7세까지는 전前조작기로, 가상의 세계에서 여러 역할을 수행하면서 노는 것을 좋아한다. 상징 놀이symbol play라고 한다. 그리

＊　이정록, 「청양행 버스기사와 할머니의 독한 농담」, 『눈에 넣어도 아프지 않은 것들의 목록』, 창비, 2016, 44~45쪽.

고 7~11세에는 구체적 조작기로 넘어가면서, 일정한 규칙을 배우며 그것에 따라 놀기 시작한다. 가위바위보로 입문하여 평생 수많은 게임을 배우고 즐기는데, 규칙 놀이rule play라고 범주화된다.

이 가운데 두번째 단계인 상징 놀이는 연극의 형태를 취한다. 인형 놀이에서부터 총싸움에 이르기까지 다양한 시나리오가 만들어진다. 각본, 연출, 연기 모두 아이들 스스로 담당한다. 이 시기의 인지 발달을 설명하는 데 중요한 개념은 '모방'이다. "네가 엄마 해, 내가 아빠 할게." 아이들은 어른들을 흉내 내면서 세상을 배워가는 것이다. 가상의 상황을 설정하고 그 안에서 일정한 역할을 분담하여 수행한다. 암묵적으로 약속된 시간 동안, 전혀 다른 존재들로 변신하여 소통하고 관계를 맺는다. 그를 통해 상상력, 창의성, 언어 능력 그리고 사회성이 비약적으로 향상된다.

그런데 어른이 되면서 연극적인 충동이 줄어든다. 게다가 산업 사회는 계산 가능한 세계에서 사물을 효율적으로 조작하는 일에 몰두한다. 목표 달성을 위해 전력투구하는 경쟁 체제에서 상상력은 도움이 되기는커녕 장애물로 여겨진다. 산업의 원리를 그대로 옮겨놓은 교육에서도 마찬가지다. 정답 이외의 것을 생각하는 마음은 교정의 대상이 된다. 생산을 중심으로 조직화된 세상에서 연극은 예술의 영역으로 분리, 축소되어버렸다.

유머는 일상 속에서 복권되는 연극 놀이다. 유머의 상당 부분이 연극적인 속성을 지니기 때문이다. 순식간에 전혀 다른 세계를 창조하고, 잠깐 다른 존재가 되어 역할을 수행하는 것이다. 미리 약속하지 않고 즉흥적으로 상황을 연출하기에 실제 연극보다 짜릿하다. 말 한마디로 전혀 다른 시공간을 만들어내면서, 언어의 놀라운 힘을 실감하게 된다.

그런데 이런 주거니 받거니가 이뤄지려면 상대방이 기꺼이 연극 공간 안으로 들어와야 한다. 감정 상태가 너무 나쁠 때는 그것이 어렵다. 어설프게 농담을 걸었다가 어색해지거나 자칫 불쾌감을 자아낼 수 있기 때문이다. 즉흥 연극을 함께 꾸리려면 장단이 맞아야 한다. 갑자기 튀어나온 엉뚱한 말의 본질을 재빠르게 파악해서 맞장구쳐주어야 하는 것이다. 여기에는 개인차도 있고, 문화적인 차이도 있을 수 있다. 익숙하지 않은 사이에서 그것을 미리 파악하기는 쉽지 않다.

연극적인 능력은 유머에서만 발휘되는 것이 아니다. 인간의 사회생활은 대부분 연극으로 구성된다. 주어진 상황에 따라, 그리고 자신의 지위나 위치에 따라 우리는 사회적으로 기대되는 역할을 수행한다. 바깥에서는 사람들에게 극도의 친절을 베풀면서 가족들에게 함부로 대하는 경우, 근엄한 직종에 종사하는 사람이 술좌석에서 망가지는 경우 등을 떠올려보라. 상반된 모습의 자아가 우리 안에 공존하면서 외적 조건에 따라 다르게 드러난다. 'person'이 가면을 뜻하는 그리스어 'persona'에서 왔다는 것은 의미심장하다. 현대 서구에서 '페르소나'라는 말은 일반명사로 쓰이고 있다. 겉으로 드러나는 인격이라는 뜻으로, 사회적으로 부여된 역할과 규범을 수행하는 주체를 가리킨다.

　페르소나는 나쁜 것이 아니다. 가면을 시의적절하게 잘 바꿔 써야 한다. 예를 들어 능숙한 교사는 어떤 학생에 대해 설령 미운 감정이 들더라도 티를 내지 않는다. 소통의 달인들은 화를 내더라도 감정에 매몰되지 않고 멋지게 연기를 펼친다. 필요에 따라 상대방의 비위도 맞추고 적절한 분위기를 연출할 줄 안다. 우리 삶에 가면이 없다면 어떻게 될까. 조직은 엉망이 되기 쉽고, 인간관계는 갈등과 분규로 점철될 것이다. 사회는 사람들이 일정한 각본(구성원들이 공유하는 문화적 규약)에 따라 움직이는 무대다.*

　가면은 최소한의 '예측 가능성'을 담보하는 장치다. 문제는 하나의 가면만 걸치고 있어서 역할이 경직되는 것이다. 가면이 몸에 고착되어 무대가 바뀌었는데도 적응하지 못한다. 권력과 지위로 자존심을 유지해온 사람들, 가부장적 의식이 체질화된 남성들이 그런 성향을 종종 드러낸다. 가정이나 사회조직에 만연하는 권위주의가 거기에 맞물려 있다. 남들보다 우월함을 증명하려는 허세, 늘 상대방 위에 군림하려고만 하는 태도 말이다. 그런 관성은 사적 영역을 황폐하게 만들뿐더러, 공적 영역도 비효율의 늪에 빠뜨린다.

　어떻게 탈바꿈할 수 있을까. 말 그대로, 탈을 바꾸어야 한다. 다

＊　이런 시각에서 인간의 상호작용을 탁월하게 분석한 책으로 어빙 고프먼의 『자아 연출의 사회학』(진수미 옮김, 현암사, 2016)이 있다.

른 가면들로 바꿔 써보는 것이다. ('탈바꿈'에서 '탈'은 '틀'이라는 뜻인데, 의미가 잘 연결된다. 페르소나는 인격의 틀이다.) 다양한 역할을 번갈아 수행해보는 경험이 필요하다. 그런데 현실 세계에서는 그것이 쉽지 않다. 동아리에 가입하여 연극을 해본다면 도움이 되겠지만, 여러 가지로 진입 장벽이 높다. 또한 예술 작품으로 만들어지는 연극은 주어진 시나리오의 제약을 받기 때문에 실제 삶의 세계와 일정한 간극이 있다. 누구나 쉽게 접근할 수 있으면서 일상의 생생한 상황들을 다루는 방법은 없을까.

미국의 코미디 극단 '세컨드시티'는 기업 교육과 컨설팅으로 주목받아왔다. 즉흥연기를 통해 직원들의 창의력과 소통 능력 그리고 위기 대응력을 키워준다. 그 프로그램 이름은 '예스, 앤드'이며, 즉흥극의 핵심 원칙을 요약한 표현이다. 같은 이름으로 책이 번역·출간되었는데, 감수를 맡은 김호는 그 의미에 대해 다음과 같이 풀이한다.

예를 들어, 무대 위에 두 사람이 올라간다. 미리 짜인 대본도 없다(매일 살아가는 우리 삶이나 기업을 경영하면서 벌어지는 일도 미리 짜진 대본이 없기는 마찬가지이다!). 한 배우가 "꼼짝 마! 난 총을 갖고 있다"라고 말했을 때, 또 다른 배우가 "그게 무슨 총이야, 그건 네 손가락이잖아!"라고 하게 되면 즉흥극은 성립이 되지 않는다. 상대가 한 대사와 상황을 그대로 인정하면서 ('예스'), 새로운 것을 덧붙여야 ('앤드') 한다. 예를 들면, "아니! 그 총은 내가 크리스마스 선물로 준 것이잖아! 이 나쁜 자식!"이라고 하게 되면 또다시 새로운 상황이 시작된다.*

예전에 마임을 응용한 소통 워크숍에 참석해 비슷한 경험을 한 적이 있다. 한 사람이 빈손으로 공을 던지는 시늉을 하면, 상대방은 그것을 받아서 다시 던져주는 게임이었다. 이때 공의 크기나 날아오는 속도 등을 감안하고 움직여야 '리얼'한 연기가 된다. 그리고 공을 땅에 몇 번 튀겼다가 패스하는 동작 등을 취하면 더욱 실감이 난다. 이런 '예스, 앤드'의 원리는 유머의 상호작용과 똑같다. 상대방이 불쑥 꺼낸 '큐'를 기꺼이 수용하면서, 그것을 실마리로 가상의 시공간을 함께 창조해가는 것이다.

즉흥극의 묘미는 무엇일까. 에고에서 비롯되는 '예민함'을 타자 및 공동체에 대한 '섬세함'으로 전환시키는 것, 권력관계가 유발하는 '긴장감'(눈치 보기나 힘겨루기 등)을 미지의 것을 탐색하는 '기대감'으로 바꿔주는 것이다. 따라서 그것은 억눌린 에너지를 일정한 룰에 따라 자유롭게 펼치는 놀이이자, 조직 문화를 향상시키면서 개인의 잠재력을 끌어올리는 혁신 프로젝트라고 할 수 있다. 유머도 그런 점에서 맥을 같이한다고 볼 수 있다. 예술과 현실의 경계를 넘나들면서 새로운 존재를 탐색하는 퍼포먼스가 유머다.

* 켈리 레너드·톰 요튼, 『예스, 앤드』, 박선령 옮김, 위너스북, 2015, 8~9쪽.

4. 동심
—세상에 대한 경이로움의 감각

어느 아이가 엄마와 함께 발레 공연을 보러 갔다. 발레라는 것을 처음 접하는 자리였던 만큼 신기해하는 눈망울로 바라보았다, 그런데 시간이 지나면서 매우 안쓰러워하는 눈빛으로 바뀌기 시작했다. 까치발을 높이 들고 온 힘을 다해 춤추는 무용수들이 너무 안됐다는 생각이 든 것이다. 이윽고 아이는 엄마 귀에 대고 속삭였다. "엄마, 그냥 키 큰 언니들이 하면 안 돼?"

초등학교 수학 시간, 선생님이 문제를 낸다. "사과가 열 개 있는데 세 개를 먹으면 몇 개가 남지?" 그러자 한 아이가 "세 개요"라고 대답했다. 선생님이 이유를 물으니 아이가 자신 있게 하는 말, "엄마가 그러는데, 먹는 게 남는 거래요."

문제를 던진다고 던졌는데 우스꽝스러운 말이 된 경우도 있다. "아줌마, 형이랑 나랑 둘 중에 누가 동생이게요?"

질문의 맥락을 알지 못해서 엉뚱한 대답을 한 사례도 있다. 전철 안에서 아이가 자꾸만 말썽을 피우니까, 엄마가 짜증을 내면서 말한다. "엄마가 어떤 사람을 제일 싫어하는 줄 알아?" 아이가 곧

바로 대답한다. "아빠!"

　유머 감각이 전혀 없는 사람일지라도, 단 한 번도 남을 웃겨본 경험이 없는 것은 아니리라. 다만, 너무 어릴 때여서 기억이 나지 않을 수는 있다. 앞의 예화들에서처럼, 아이들은 전혀 의도가 없이 다른 사람들을 웃음에 빠뜨린다. 그런 말과 행동에 웃음을 터뜨릴 때, 동심이 우리에게 스며오는 것을 느낀다. 아이들은 왜 모두 귀여울까? 꾸밈없이 존재를 드러내기 때문이 아닐까? 아무렇지 않게 던지는 한마디는 우리가 평소에 닫아두고 있던 마음을 건드린다. 단순함과 투명함이 인간의 본디 모습을 비춰보게 하는 거울이 되어 준다. 시 한 편을 보자.

> 102호에 다섯 살짜리 동생이 살고 있거든
> 오늘 아침 귀엽다고 말해 줬더니
> 자기는 귀엽지 않다는 거야
> 자기는 아주 멋지다는 거야
>
> 키가 많이 컸다고 말해 줬더니
> 자기는 많이 크지 않았다는 거야
> 자기는 원래부터 컸다는 거야
>
> 말이 많이 늘었다고 말해 줬더니
> 지금은 별로라는 거야
> 옛날엔 더 잘했다는 거야

102호에 다섯 살짜리 동생이 살고 있거든
자전거 가르쳐 줄까 물어봤더니
자기는 필요 없다는 거야
자기는 세발자전거를 나보다 더 잘 탄다는 거야
— 김개미, 「어이없는 놈」*

　요목조목 칭찬해주는데, 고마워하기는커녕 제 잘난 맛에 우쭐대고 있다. 어른이 이렇게 대답한다면 괴상한 사람으로 여겨질 것이다. 하지만 아이는 그렇게 '어이없는' 말을 연발해도 오히려 사랑스럽게 느껴진다. 아이들은 지극히 자기중심적이지만, 그런 에고는 거슬리지 않는다. 자신의 멋과 능력을 의식하고 나름의 자부심을 세워가는 모습이 맹랑하고 당돌하다. 그리고 상대방이 자기를 어떻게 보는가에 신경을 곤두세우는 어른들의 에고와 달리 거부감을 주지 않는다. 일상의 뭇 경험들에 사심 없이 몰입하고, 거기에서 떠오르는 생각과 감정을 스스럼없이 표현하기 때문이다.

　2016년에 개봉한 영화 「우리들」(감독: 윤가은)은 초등학교 여자아이들 사이의 복잡 미묘한 관계 맺기를 사실적으로 묘사한 작품이다. 주인공 여자아이에게는 남동생이 하나 있는데, 이웃집 형이랑 집에서 놀 때가 많다. 그런데 그 형이 좀 짓궂어서 동생을 늘 괴롭힌다. 그때마다 누나는 속이 상한다. 어느 날 자기가 집에 없는 동안

---

*　　김개미, 「어이없는 놈」, 『어이없는 놈』, 문학동네, 2013, 14~15쪽.

또 그런 일이 벌어진 것을 알고 화가 치민 누나는 한 소리 한다. 너는 왜 맨날 당하기만 하느냐, 맞고만 있지 말고 너도 때려라. 동생이 대답한다. 그러면 형이 또 때릴 텐데. 누나는 바로 맞받는다. 그럼 너도 또 때리면 되지. 그러자 동생이 태연하게 말한다. "형이 때리면 내가 때리고, 그러면 형이 때리고, 내가 또 때리고…… 그럼 언제 놀아?"

누구나 내면 한구석에는 어린아이의 마음이 숨어 있다. 우연한 계기에 그것이 불쑥 솟아오른다. 꽃이나 새나 구름을 하염없이 바라볼 때, 강아지나 고양이를 쓰다듬어줄 때, 어린아이와 놀아줄 때, 종이 위에 손이 가는 대로 그림을 그릴 때……*

우리 안에 깃든 어린아이를 일깨워주는 작품으로 생텍쥐페리의 『어린 왕자』를 빼놓을 수 없다.** 낯선 별에서 온 어린 왕자의 눈에 비친 어른들의 자화상을 마주하면서 독자들은 사랑, 관계 맺기(길들이기), 앎, 기억, 시간, 소유, 권력, 명성 등에 대해 성찰하게 된다. 그런데 책을 읽다 보면 어색한 대목이 눈에 띈다. 어린 왕자가 주인공인 비행기 조종사와 반말로 대화를 나누는 부분인데, 프랑스어 원문에서도 어린 왕자는 줄곧 반말로 이야기한다(프랑스어에서 'vous'

---

* 아이들이 순수하기만 한 것은 아니라는 견해가 있고, 그들에게 이미 사악함과 잔인함의 씨앗이 숨어 있음을 보여주는 예술 작품도 있다. 소설 『파리 대왕』, 영화 「헌트」 등이 떠오른다. 하지만 아이들이 상대적으로 천진난만하다는 것을 부인하기 어렵다.

** 『어린 왕자』가 순수한 사랑과 유대에 대한 이야기가 아니라, 사랑이라는 이름으로 행해지는 학대인 '모럴 해러스먼트moral harassment'를 그려내고 있다는 해석이 있다. 야스토미 아유미, 『누가 어린 왕자를 죽였는가』(박솔바로 옮김, 민들레, 2018) 참조.

는 '당신'이고 'tu'는 '너'로 구별한다). 작가의 의도는 무엇일까.

소설의 첫 부분에는 사막에 불시착한 비행기 조종사가 어린 왕자와 만나는 장면이 나온다. 적막한 곳에서 잠들어 있던 그에게 어린 왕자가 말을 건네는 장면으로, 원문은 이러하다. "S'il vous plait… dessine-moi un mouton!" 양을 한 마리 그려달라는 부탁인 이 표현은 통상적인 어법에 어긋난다. 원문의 뉘앙스를 살려 우리말로 옮기면 "저기요…… 양 한 마리 그려줄래?"*이다.

어법이 어그러진 이 첫마디에 깊은 의미가 담겨 있다는 해석이 있다. 어린 왕자가 조종사를 처음 보았을 때는 어른임을 분명히 알아차리고 첫마디에 존대어를 썼다. 그런데 잠깐 침묵이 흐르는 사이(……라는 부호가 중요하다), 그 어른에게도 자기와 똑같은 어린아이가 있음을 발견한다. 짧은 순간에 마음속을 들여다본 것이다. 그래서 "저기요…… 양 한 마리 그려줄래?"라는 말을 건넨다. 이 짧은 한마디에서 어린 왕자는 어른들 안에 어린아이가 동거하고 있음을 일깨워 호출하고 있다.

『어린 왕자』에는 배꼽을 잡게 하는 유머는 나오지 않는다. 그러

---

* 첫 문장 S'il vous plait는 불어를 배울 때 가장 먼저 배우는 말이다. 영어로 직역하면 'If you please'로서, '실례합니다' '죄송한데요' 정도의 뜻이다. 상대방을 tu가 아니라 vous라고 불렀으니까 존대어다. vous와 tu는 각각 술부에 그에 상응하는 존대어와 반말을 끌고 오는데, vous에는 –ez, tu에는 –e라는 어미를 가진 동사가 연결된다. 따라서 다음 문장에서 dessinez가 되어야 하는데, dessine로 받고 있다. 그러니까 상대방의 주의를 환기시키는 첫마디는 존댓말로 운을 떼고, 그다음에 이어지는 핵심 메시지는 반말로 한 것이다. 국내에 여러 번역본이 있지만, 이 대목을 정확하게 옮긴 것은 많지 않다.

나 왕, 허풍쟁이, 술주정꾼, 장사꾼, 지리학자가 살아가는 모습을 통해 어른들의 결핍과 자가당착을 유머러스하게 꼬집고 있다. 당연하게 여겨지는 삶의 방식과 거기에 깔려 있는 욕망에 의문을 던진다. 익숙한 것에 제동을 걸고 낯설게 바라보는 시선은 유머의 발상과 일맥상통한다. 아이들이 불쑥 던지는 질문이나 엉뚱한 대답에서 폭소가 터지는 것도 어른들의 판에 박힌 논리에 균열을 일으키기 때문이다. 전혀 생각하지 못했던 발상이 통쾌함을 자아내는 것이다.

앞서 언급한 시적인 발상과 표현에도 어린아이의 마음과 시선이 깊숙하게 연관된다. 놀이의 관점에서 문명을 비평한 하위징아는 시에 대해 이렇게 말했다. "시는 진지함을 넘어서는 더 원시적이고 근원적인 단계에 속해 있다. 그것은 어린아이, 동물, 원시인, 예언자 등이 마음대로 넘나드는 꿈, 매혹, 황홀, 웃음의 영역이다. 시를 이해하기 위해 우리는 마법 망토처럼 아이들의 영혼을 입어야 하며, 어른의 지혜를 내던지고 아이들의 지혜를 얻어야 한다."*

언제부터인가 '상처받은 어린아이'에 대한 이야기가 많이 나온다. 트라우마에 대한 관심이 높아지고 다양한 치유 프로그램이 보급되면서 유년기의 경험을 반추하는 작업이 종종 이뤄진다. 그런데 우리 안에는 상처받은 어린아이만이 아니라 쾌활하게 세상을 만나는 어린아이도 공존하고 있지 않을까. 세상과 삶에 대한 경이로움

---

* 요한 하위징아, 『호모 루덴스』, 242쪽.

의 감각sense of wonder을 되찾으면서 유머 감각도 향상될 수 있다. 어린아이다움을 회복하는 것이다.

No kidding! 농담하지 말라는 뜻이다. 'kid'라는 단어에 '어린아이'와 '장난치다'라는 뜻이 함께 들어 있듯이, 아이들은 천부적으로 개구쟁이들이다. 어린아이들을 보면 어른들은 그냥 웃는다. 단지 아이라는 이유로 귀엽다. 존재 자체로 그런 반응이 일어나는 것은 우리 안에 어린아이다움이 있기 때문이 아닐까. 어린아이를 보고도 표정에 아무런 변화가 없다면, 마음이 (비록 일시적으로나마) 황폐해졌기 때문일 것이다. 누구나 어린아이 같은childlike 면모를 간직하고 있다. 그래서 어른도 귀여우면 매력적이지 않은가. 어린아이다움은 정신 건강의 징표일 수 있다. 그것을 잘못 드러내면 유치한childish 행위가 되고, 잘 드러내면 예술이나 코미디가 된다.

유머가 동심을 빚어낸다. 동안童顔에 집착하지 말고 동심을 가꿔가자. 사심 없이 웃음을 터뜨릴 때, 우리는 잠시 어린아이가 된다. 문득 아이의 시선으로 사물을 바라보면서 툭 던진 한마디가 까르르 폭소를 자아낼 때가 있다. '어? 나도 사람을 웃길 줄 아네?' 하지만 놀랄 일이 아니다. 누구나 장난꾸러기의 동심을 간직하고 있으니까. 우리는 어린 시절에 모두 천부적인 유머리스트였음을 잊지 말자. 코미디란, 어른의 목소리로 아이의 생각을 드러내는 것이라는 말이 있다. 그러니까 유머 감각은 키우는 것이 아니다. 회복하는 것이다.

5. 넉살
─엉뚱한 것을 감행하는 배짱

웃음은 모든 것을 똑바로 세우는 곡선이다.

─필리스 딜러

미국 샌프란시스코의 미술관에서 있었던 일이다. 전시 공간의 한구석에 안경 하나가 떨어져 있었는데, 어떤 관객이 몸을 굽히고 가까이 다가가 주의 깊게 살피더니 카메라를 꺼내 촬영하기 시작했다. 다른 관람객들이 발걸음을 멈추고 주위에 둘러서서 그 장면을 진지하게 지켜본다. 그냥 평범한 안경이지만, 그런 자리에 놓여 있으니 틀림없이 예술 작품일 것이라고 생각한 것이다.* 뒤샹의 「샘」을 연상했는지도 모른다. 그런데 사실은 그것을 노린 두 명의 고등학생이 장난삼아 떨어뜨려놓은 것이었다. 그 모습을 뒤에서 지켜보면서 키득거렸으리라.

영국 스코틀랜드에서도 두 명의 대학생이 파인애플로 비슷한 장난을 쳤다. 전시장에 있는 테이블 위에 파인애플을 올려놓았는데, 며

---

*   "Is It Art? Eyeglasses on Museum Floor Began as Teenagers' Prank," *New York Times*, 2016. 5. 30.

칠 후에 다시 와보니 그 위에 유리 상자가 씌워져 깔끔하게 보존되고 있었다. 공교롭게도 그 이벤트의 슬로건이 'Look Again'이었던지라, 미술관의 전시 디자이너가 거기에 어떤 예술적 의도가 담겨 있는 줄 착각한 것이다. 두 학생은 그 장면을 찍어서 "내가 예술을 만들었다"라는 제목으로 트위터에 올렸고, 5,000명이 '좋아요'를 눌렀다.*

예술의 본질을 다시금 생각하게 하는 사건들이다. 대상 자체의 속성이 아니라 보는 이의 해석과 느낌이 예술을 성립하게 하는 근거라는 것을 새삼 확인하게 된다. 말하자면, 예술은 세상과 삶을 새로운 각도에서 조명하는 놀이다. 그 점에서 볼 때 젊은이들은 멋진 퍼포먼스를 한 셈이다. 그리고 거기에 깜빡 속아 넘어간 관람객이나 미술관 실무자들은 조연 역할을 잘해주었다고 할 수 있다.

유머는 일종의 장난이다. 말로 또는 몸짓이나 물건으로 다른 사람들을 놀리는 것이니 말이다. 남성이 여성보다 대체로 유머를 잘 구사하는 까닭도 거기에 있다. 동서고금으로 많은 사회의 양육 문화를 보면 남자아이들에게는 공격적인 행동이나 괴팍한 몸짓, 어느 정도의 일탈을 허용한다. 그래서 개구쟁이라고 하면 사내아이들의 이미지가 주로 연상된다. 사춘기는 물론 어른이 되어서도 약간의 '장난기'를 미덕으로 장려받고, 아빠가 되어 아이를 키울 때도 거친

---

*   "How a Humble Pineapple Became Art," *New York Times*, 2017. 5. 11.

몸싸움 놀이와 짓궂은 괴롭힘을 즐기는* 남성들이 유머에 좀더 능한 데는 그런 배경이 작용한다.

우리는 반듯하기만 한 사람에게 별로 매력을 느끼지 못한다. 그 행동이나 반응이 늘 예측 가능하기만 하다면 싫증 나기 쉽다. 정해진 규칙이나 기존의 관행, 익숙한 패턴을 창의적으로 깨부술 때 자유로운 마음이 활짝 열린다. 유머는 아직 규범에 완전하게 길들여지지 않은 어린아이들의 장난기 같은 것으로, 어른이 되어서도 그것을 간직하고 있다는 것은 기성 체제에 도전하는 젊음의 징표이기도 하다.

그런데 엉뚱한 짓은 재미를 추구하는 행위이면서, 생태계에서 적응력을 높여주는 기능을 하기도 한다. 진화심리학자 제프리 밀러는 '무작위화 능력'이라는 개념을 제시하는데, 동물들이 무작위적으로 행동하는 것이 생존에 도움이 되었다는 점에 주목한다. 예를 들어, 나방이나 토끼는 포식 동물에게 쫓길 때 지그재그로 무질서하게 움직인다. 그러한 상황에서 만일 일정한 방식으로만 행동한다면, 천적들에게 그 패턴을 읽히기 때문에 얼마 지나지 않아 멸종되고 말 것이다. 그들은 도피 경로를 무작위화하는 특별한 뇌 메커니즘을 진화시켰다.

---

* 폴 레이번, 『아빠 노릇의 과학』, 강대은 옮김, 현암사, 2016, 166쪽. 아빠들의 그런 역할을 통해 아이들의 인지와 정서를 불안정하게 만드는데, 이는 아이들이 중요한 과제에 도전하는 힘을 키워준다.

그러한 무작위화를 진화심리학에서는 '프로테우스주의'라고 한다. 그리스 신화에 나오는 강의 신 프로테우스에서 따온 개념으로, 그는 수많은 적들이 자신을 추격할 때 동물, 식물, 구름 등 종잡을 수 없는 모습으로 변신하면서 도망쳤다. 한마디로 예측 불가능한 방식으로 움직이는 것을 가리키는데, 그것은 인간의 생존에도 중요하게 기능했다. 불확실한 환경에서 삶의 터전을 확보하려면 기존의 틀에 매이지 않고 새로운 행동을 감행해야 했기에, 인류는 아득한 옛날부터 그런 창의성을 발휘해온 것이다. 창의성이 발현되는 또 한 가지 방식이 바로 유머다.

> 일상적인 창의성의 일부 형태들, 그 가운데서도 특히 유머는 프로테우스주의의 과시로 보인다. 이때 무작위화 능력은 경쟁이 아니라 구애를 위해 이용된다. 나의 다양한 화제가 내 잠재적 짝을 매혹시킬 만큼 예측 불가능하다는 사실이 증명된다면, 나는 결국 내 사회적 전략이 사회적 경쟁자들을 압도할 만큼 예측 불가능할 수 있다는 것 역시 증명하는 셈이 된다. 창의성 과시는 예측 불가능성을 위협이 아니라 매력으로 만든다.*

유머러스한 사람에게 끌리는 이유를 과학적으로 풀어내는 논리가 흥미롭다. 특히 남성의 유머 감각이 성적인 매력과 결부되는 까

---

* 제프리 밀러, 『메이팅 마인드』, 김명주 옮김, 소소, 2004, 612쪽.

닭도 그 연장선상에서 설명이 된다. 인류는 진화의 어느 단계에서부터 신체적인 힘보다 지적인 역량을 통해 집단의 적응력을 높이기 시작했고, 그러한 측면에서 돋보이는 남성들에게 여성들이 더 끌렸을 것이다. 오랫동안 아이를 돌봐야 하는 암컷의 입장에서 안정적인 생활을 확보해줄 수 있는 '영리한' 수컷의 존재는 필수적이다. 또한 유머는 지적인 역량을 뽐내는 동시에 즐거움을 선사한다. 배우자와의 지속적인 유대가 중요했던 여성들에게 유머는 정서적인 매개물이 되지 않았을까.

그런데 유머의 중요한 속성인 '예측 불가능성'은 기대감과 함께 불안함도 자아낸다. 그것을 위협이 아니라 매력으로 만들려면, 자신이 먼저 예측 불가능성에 익숙해져야 한다. 그 점에서 지금 우리의 생활 세계를 들여다보자. 하버드 대학교 심리학 교수 하워드 가드너는 『앱 제너레이션』*이라는 책에서 사이버 환경이 젊은이들의 정체성, 인간관계, 창의력에 미치는 영향을 고찰하고 있다. 디지털에 점점 더 의존하는 젊은 세대의 소통은 어떤 특징을 보이는가. 가드너 교수는 '감정적 리스크의 회피'에 주목한다. 얼굴을 마주하는 대화에서는 상대방이 내 말에 즉각적으로 반응한다. 그의 말뿐 아니라 표정과 몸짓에도 미묘한 감정들이 담겨 있다.

당연하게도 그것은 나의 기대나 예상대로 나타나지 않는다. 오

* 하워드 가드너·케이티 데이비스, 『앱 제너레이션』, 이수경 옮김, 와이즈베리, 2014.

해가 생길 수 있고, 뜻밖의 과민 반응으로 나를 당황하게 할 수도 있다. 그에 대해 나 또한 어떤 식으로든 곧바로 피드백을 해야 한다. 자칫 그것이 사태를 악화시킬 수도 있다. 하지만 그런 '리스크'를 무릅쓰지 않으면 소통이 어려워진다. 반면에 사이버공간에서는 그런 위험 부담이 거의 없다. 할 말을 일단 써놓고 검열하고 다듬은 다음, 발신 버튼을 누르기 때문이다. 상대방의 메시지에 대해서도 즉시 응답하지 않아도 된다.

상대방의 여과되지 않은 감정이나 예상치 못한 반응을 각오하고, 상처받을 수도 있음을 인정하는 것이 충실한 관계 맺기의 출발이다. 오류나 실수를 수정해가면서 이해의 폭을 넓혀갈 수 있기 때문이다. 그런데 스크린을 통한 관계에서 젊은이들은 그런 리스크와 심리적 불편함을 회피하게 된다는 것이 가드너 교수의 진단이다. 젊은이들만의 문제가 아니다. 지금 모든 세대가 피상적인 소통과 단편적인 정보에 길들여지고 있다. 그 속에서 우리의 마음은 점점 허약해지고 인간관계도 부실해진다.

유머는 실패를 무릅쓰고 말을 던지는 용기를 요구한다. 말도 안 되는 것을 말이 되게 우겨 넣는 뻔뻔함도 필요하다. 유머는 익숙한 생각과 통상적인 화법을 거부한다. 그 사회가 공유하는 문화적 경험과 규범, 신념, 기대, 상식, 터부 등을 포착해 살짝 흔들어 긴장을 자아낸다. 순수한 관념의 놀이에서 생각의 참신한 출구가 열릴 때, 우리는 해방감을 느낀다. 베르나르 베르베르는 그 점을 잘 짚어내고 있다.

> 유머는 일탈 또는 금기의 위반을 바탕으로 작동합니다. 사람
> 들이 느끼는 사회적 중압감을 완화시킬 수 있다는 점에서 정
> 치적인 유용성이 있죠. 그런가 하면 유머는 두려움을 해소하
> 는 방법이기도 합니다. 〔……〕
> 우리 인간의 뇌에서 하나의 오류가 발생하는 것으로 보시면
> 됩니다. 이 오류가 가상의 불안이라는 또 다른 오류를 보상하
> 는 것이죠. 다른 동물들은 웃지 않습니다. 가상의 불안을 느끼
> 지 않기 때문에 그것을 보상할 필요가 없어요.*

사회적 중압감을 덜어내는 것, 그리고 두려움을 해소하는 것은
유머의 중요한 미덕이다. '일탈 또는 금기의 위반을 바탕으로 작동'
하기 때문이다. 놀이적인 본질이 그대로 담겨 있다. 아이들이 놀면
서 말썽 피우는 것을 보라. 나중에 꾸중을 들을 줄 알면서도 사고를
친다. 주어진 테두리를 넘어서는 도전과 실험이 놀이에서 이뤄진
다. 놀이의 정신은 어른에게도 요구된다. 현실이 부여하는 과제를
충실하게 수행하고 정해진 규칙을 무조건 따르는 것이 아니라, 과
제와 규칙을 스스로 만들어내는 연습을 하는 것이다.

순응이냐 거부냐 하는 이분법을 넘어 창조의 단계로 나아갈 때,
부질없는 고민과 두려움에서 자유로워질 수 있다. 사실 우리가 느

---

* 　베르나르 베르베르, 『웃음 1』, 315쪽, 324쪽.

끼는 두려움 가운데는 현실적인 근거가 희박한 것이 많다. 상상에서 생겨나 강박을 통해 증폭되는 망상을 비껴가는 데 유머가 훌륭한 길잡이가 된다.

두려움이 없어지면, 인지의 폭이 넓어지면서 더 많은 것을 볼수 있게 된다. 그리고 고정되어 있던 역할에서 풀려나 다른 존재가 되어볼 수 있다. 변신은 기존의 질서를 상대화하도록 시선을 열어주고, 허세와 위장을 무장 해제시킨다. 똑똑해 보여야 하고 잘나야 한다는 강박에서 홀가분해지면, 운신의 폭이 넓어진다. 좀 바보스러우면 어때? 창피하기는 하지만, 뭐. 윗사람도 얼마든지 실수할수 있거든. 이런 너그러움이 소통을 부드럽게 한다. 잘못된 일의 책임을 서로 떠넘기느라 분위기를 경직시키지 않고, 비난으로부터 자기를 방어하고 변명하느라 힘을 빼지 않는다. 그 대신 책임을 공유하면서 문제 해결에 지혜를 모을 수 있다.

베르베르에 따르면, 뇌에서 오류를 발생시킴으로써 '가상의 불안이라는 또 다른 오류'를 보상한다. 오류에 대한 면역력을 키운다고 비유할 수도 있겠다. 누구나 살아가면서 여러 가지 실수를 범하고 뜻하지 않은 낭패에 빠지기 마련인데, 그런 상황에서 허둥대지 않고 다음 스텝을 내디딜 수 있으려면 무질서에 너그러워야 한다. 카오스를 적극적으로 변주할 수 있는 배짱이 필요하다. 유머는 그런 마음의 근육을 키우는 놀이다.

6. 공감
―사소한 농담에도 화답하는 여유

> "웃는 건 여자들이 잘하는데, 코미디언은 남자들이 엄청 많잖
> 아. 왜 그런 줄 알아? 〔……〕 남자들 공감 능력이 떨어져서 그
> 런 거야. 〔……〕 누군가 아프거나 슬플 때, 여자들은 같이 슬
> 퍼해주거든. 그런데 남자들은 안 그래. 상황에 완전히 빠져
> 들지 못하고 머리를 굴린단 말야. 〔……〕 코미디의 핵심이 뭐
> 냐. 거리 두기 아니냐. 거리를 둬야 웃길 수 있고, 상황에 빠져
> 들지 않아야 비꼴 수 있는 거잖아. 여자들은 웃을 때와 슬퍼할
> 때를 구별할 줄 알지만, 남자들은 그걸 잘 못해. 무조건 웃긴
> 게 최곤 줄 안다니까."
>
> ―김중혁, 『나는 농담이다』에서*

코미디언이라고 하면 자동적으로 남자를 떠올릴 만큼 남성이
대다수를 이룬다. 배우나 가수 등 다른 연예인과 달리 남녀의 비율
차이가 큰데, 대략 4~5배 정도 차이가 난다고 한다. 전 세계적으로
비슷한 현상이고, 예전에도 그랬다. 사람들에게 웃음을 선사하던
각설이나 피에로는 대부분 남자였다. 그런가 하면 문필가 중에서도

---

* 　김중혁, 『나는 농담이다』, 민음사, 2016, 121쪽.

글 속에 유머를 잘 녹여내는 이들은 거의 남자다. 근대 이전에는 문단에 여성이 진입하는 것 자체가 어려웠으니까 그렇다 치고, 20세기 작가들만 살펴봐도 남성 작가의 이름이 많이 떠오른다. 마크 트웨인, 버나드 쇼, 폴 오스터, 커트 보니것, 빌 브라이슨, 요나스 요나손, 위화, 이기호, 김중혁, 성석제, 박민규, 이정록……

특정 분야에 국한되지 않는다. 일상의 대화에서도 남자들이 더 많이 웃긴다. 유머 감각이 이성에게 어필하는 매력으로 여겨지는 것은 주로 남자들에게 해당하는 이야기다. 여자들은 유머러스한 남자에게 호감을 갖지만, 그 반대는 덜하다. 물론 유머러스한 여성도 인기를 끌지만, 이성으로서의 매력이라는 측면에서는 남성만큼 큰 비중을 차지하지는 않는다. 이런 문화적 특징은 많은 사회에서 공통적으로 나타난다.

그런데 남자들은 여자들보다 유머 감각이 더 풍부할지언정, 웃음에는 상대적으로 인색하다. 남자들끼리 모인 자리보다 여자들이 모인 자리에서 웃음소리가 더 많이 들린다. 사석에서만이 아니라 공적인 회합에서도 그렇다. 나처럼 강연을 하는 사람들은 청중들의 반응에서 남녀의 차이를 확연하게 느낀다. 특히 중년 여성들은 마치 웃기로 작정이라도 하고 온 듯, 별것 아닌 말에도 크게 웃음을 터뜨린다. 반면에 중년 남성들은 굳은 표정을 한 채 앉아 있기 일쑤다. 남녀는 왜 그렇게 다를까.

남성들은 여성에 비해 경쟁 심리와 지배 욕구가 강하고, 타인에게 영향력을 끼침으로써 존재감을 확인하려 들 때가 많다. 심리학에서도 남녀가 대화에서 추구하는 바가 다르다는 것을 밝혀내고 있는데, 여성은 친밀감인 반면에 남성은 긍정적인 자기를 표출하는 것이라고 한다.* 그런 성향은 유머를 통해서도 확연히 드러난다. 남자들은 남을 웃기는 데 신경을 곤두세우느라 타인의 유머에는 웃음이 인색할 때가 적지 않다. 상대방을 대상화하면서 그 마음을 움직이려고 전략적으로 두뇌를 사용하다 보니, 타인에게서 감흥을 받고 함께 웃어주기가 어려운 것이다. 앞에 인용한 김중혁의 글에서 간파하고 있듯이, 남자들은 어떤 정황에 온전히 빠져들기보다는 거리를 두면서 차갑게 머리를 굴리는 경향이 있다.

그러한 경쟁 심리는 흥겨운 분위기에 찬물을 끼얹기도 한다. 코미디언들이 무대에서 연기를 할 때 가장 힘들어하는 청중이 있다. '얼마나 웃기나 보자' '어디 한번 나를 웃겨봐' 하는 표정으로 팔짱을 끼고 앉아 있는 남자들이다. 베테랑 코미디언이라 해도 그런 사람들 앞에서는 위축될 수밖에 없다. 그래서 개그 프로그램을 녹화하는 현장에서는 그런 '암초'(그 업계에서 쓰는 표현이다)들을 제거하는 순서가 있다. 본 프로그램 전에 신참 코미디언들이 분위기를 띄우면서 '무장 해제'를 시키는 것이다. 웃음이 자연스럽게 터질 수 있도록 여건을 조성하는 정지 작업이라고 할 수 있다.

---

* 로드 A. 마틴, 『유머심리학』, 신현정 옮김, 박학사, 2008, 184쪽.

유머 감각은 남을 웃기는 능력만을 가리키는 것이 아니다. 다른 사람의 농담에 흔쾌히 반응하고 크게 웃는 것도 유머 감각의 중요한 속성이다. 그에 더해 상대방을 주인공으로 띄우면서 기꺼이 마음의 갈채를 보낼 수 있는 여유, 함께 있는 사람들 사이에 기쁨의 에너지가 흐를 수 있도록 가슴을 열어놓는 태도도 포함될 수 있겠다.

그 점에서 젠더의 차이가 두드러진다. 유머를 오랫동안 연구해온 심리학자 로버트 프로바인Robert Provine은 흥미로운 조사를 통해 그것을 밝혀냈다. 사람들이 모인 자리에서 누가 많이 웃는가를 관찰·기록하여 통계를 낸 것이다.* 그 결과를 보면, 여성은 남성의 농담을 들을 때 70퍼센트가 웃는 데 비해, 남성은 여성의 농담을 들을 때 38퍼센트만 웃는다고 한다. 한국에서 조사한다고 해도 비슷한 결과가 나오리라고 짐작된다. 그 차이를 어떻게 보아야 할까. 세 가지 정도로 해석이 가능하다. 첫째는 남성의 농담이 여성에 비해 더 재미있다는 것, 둘째는 여성의 웃음 역치閾値가 남성보다 더 낮다는 것(똑같은 유머나 상황에서 여성들이 훨씬 더 쉽게 반응한다는 것), 셋째는 설령 똑같은 농담이라고 해도 남성은 남성이 웃겼을 때보다 여성이 웃겼을 때 애써 반응하지 않는다는 것이다.

아마도 세 가지 원인이 중첩되어 있을 것이다. 첫번째 측면에서는 남성의 유머 감각이 더 높다고 말할 수 있지만, 다른 두 측면

---

* Igor Krichtafovitch, *Humor Theory: Formula of Laughter*, Outskirts Press, 2006, p. 37.

에서는 여성의 유머 감각이 더 높다고 할 수 있다. 여기에는 젠더와 권력의 문제가 얽혀 있을 수도 있다. 위계 관계에서는 아랫사람이 윗사람의 유머에 자동적으로 반응하는 경향이 있다. 복종의 신호로서 웃음이 나오는 것인데, 남성 지배 구조가 오랫동안 지속되어 온 사회의 남녀 관계에서도 비슷한 현상을 빚어내기도 한다. 하지만 권력이 거의 작동하지 않는 상황일지라도 여성들이 남성의 농담에 더 적극적으로 반응한다. 농담을 던지는 사람은 상대방의 웃음을 자아냄으로써 자기 효능감을 느끼고 싶어 하는데, 여성이 그러한 인정 욕구에 너그럽게 부응해주는 편이다.

행복에 대해 다각적으로 연구하여 다큐멘터리를 만든 저널리스트 리즈 호가드는 이렇게 말한다. "남자는 여자가 많이 웃어주면 동작을 더 크게 하고 농담도 많이 하는 경향이 있다. 가령 아내는 남편의 농담이 재미있지 않아도 많이 웃어준다. 여자를 웃게 하기 위해 남자가 코미디언이 되어야 할 필요는 없다. 여자는 자신과 '연결되려고' 하는 남자의 소망에 즐거움만 표시하면 되니까 말이다."* 남녀 사이에만 해당하는 이야기가 아니다. 동성끼리도 사소한 농담에 기꺼이 웃을 수 있다면 관계가 보다 튼실해질 것이다. 남을 웃기는 자질이 부족하다고 애석해하지 말자. 연결에 대한 갈망에 충실하는 것이 더 중요하다.

*   리즈 호가드, 『(영국 BBC 다큐멘터리) 행복』, 이경아 옮김, 예담, 2006, 342쪽.

너그러운 웃음으로 상대방의 유머를 편안하게 이끌어내는 것만으로도 훌륭한 유머 감각이다. 하지만 그것은 상대방에 대한 애정과 친밀감이 토대에 깔려 있을 때에야 가능하다. 전혀 웃기지 않은데 웃어준다는 것은 고역이다. 하루 이틀도 아니고 몇십 년을 함께 살아온 부부 사이에서라면 그런 감정 노동은 더욱 지속 가능하지 않다. 오랫동안 안정된 결혼 생활을 유지하는 부부들은 유머 감각이 비슷하다고 한다. 정겹게 오가는 농담 속에서 서로의 마음은 닮아간다. 천양희 시인은 바로 그런 노부부의 모습을 그리고 있다.

회화나무 그늘 몇 평 받으려고
언덕길을 오르다 늙은 아내가
깊은 숨 몰아쉬며 업어달라 조른다
합환수 가지 끝을 보다
신혼의 첫밤을 기억해낸
늙은 남편이 마지못해 업는다
나무그늘보다 몇 평이나 뚱뚱해져선
나, 생각보다 무겁지? 한다
그럼, 무겁지
머리는 돌이지 얼굴은 철판이지 간은 부었지
그러니 무거울 수밖에
굵은 주름이 나이테보다 깊어 보였다

굴참나무 열매 몇 되 얻으려고
언덕길을 오르다 늙은 남편이
깊은 숨 몰아쉬며 업어달라 조른다

열매 가득한 나무 끝을 보다
자식농사 풍성하던 그날을 기억해낸
늙은 아내가 마지못해 업는다
나무열매보다 몇 알이나 작아져선
나, 생각보다 가볍지? 한다
그럼, 가볍지
머리는 비었지 허파엔 바람 들어갔지 양심은 없지
그러니 가벼울 수밖에
두 눈이 바람 잘 날 없는 가지처럼 더 흔들려 보였다

농담이 나무그늘보다 더더 깊고 서늘했다

— 천양희, 「오래된 농담」*

  *   천양희, 「오래된 농담」, 『나는 가끔 우두커니가 된다』, 창비, 2011, 60~61쪽.

4부
맥락에 대한
감수성

유머가 인간관계를 바꾸는가 하면, 거꾸로 인간관계가 유머를 유발하기도 한다. 대화의 상대 또는 함께 있는 사람들이 누구인 가에 따라 마음의 장이 다르게 형성되기 때문이다. 권력의 비위를 맞추느라 짓는 억지웃음은 인간성 상실의 징후다.

1. 농담이 희롱이 될 때

    청소년들 사이에서 괴롭힘을 당하던 아이가 스스로 목숨을 끊는 경우가 있다. 교사나 경찰이 가해 학생에게 왜 그런 짓을 했느냐고 추궁하면 종종 이런 답변이 나온다. "그냥 장난이었어요. 그 애가 그렇게까지 고통받을 줄은 몰랐어요." 처벌이 무서워서 하는 변명이겠지만, 정말로 친구가 얼마나 힘들어하는지 알아차리지 못했을 수도 있다. 공감 능력이 부족해 놀이와 폭력을 분별하지 못하는 것이다. 장난은 놀이의 원형이지만, 즐거움이 공유되지 못하면 일방적인 공격이 될 수 있다. 사회학자 엄기호는 장난의 위험성을 다음과 같이 경고한다.

> 장난이라는 말에는 타자가 상처받을 가능성에 대한 고려가 없다. 고통받는 타자의 얼굴 앞에서 '나'는 더 이상 정당할 수가 없게 된다. 고통받는 타자의 얼굴은 '나'의 정당성과 질서에 충격을 가하고 균열을 내기 때문이다. 그런데 장난이라는 말은 고통받는 타자에게서 얼굴을 지워버리는 폭력이다. 장난이라는 말로 타자의 고통은 '내 질서'에 충격을 가하는 것이 아

니라 '내 유희'를 정당화하는 것으로 역전되는 것이다.*

청소년들 사이에서만이 아니라, 텔레비전 코미디 프로그램에서도 특정 집단을 조롱하는 언사로 종종 물의를 빚는다. 개그맨들이 아프리카 원주민 복장을 하고 나와 우스꽝스러운 언행을 늘어놓는가 하면, 어눌하게 말하는 이주 노동자가 주인공으로 등장하기도 했다. 지적 장애인, 뚱뚱한 사람, 한부모 가정 등이 대상이 되는 경우도 있다. 이는 큰 틀에서 보면 혐오 발언과 일맥상통한다. 국적, 피부색, 외모, 신체장애, 성 정체성, 출신 지역 등 외형적 특징을 기준으로 집단을 폄하하고 모욕하는 발언이 그것이다. 그런 언사가 만연하면, 그들을 웃음거리로 소비하는 것이 아무렇지도 않게 느껴진다. 신문방송학자 남재일 교수는 대중매체가 유포하는 웃음의 폭력성을 지적한다.

> 사회적 실수나 잘못이 아닌 고유한 정체성이 어떻게 웃음의 대상이 될 수 있는가. 사회적 약자를 향한 폭소는 감정 표현이 아니라 감각적 탐닉이다. 약자를 공격할 때 느끼는 동물적 쾌락에 끌려 웃음이라는 가면 뒤에서 행사하는 비열한 폭력일 뿐이다. 약자에 대한 비웃음은 동물화된 사회의 전형적 증상이다. 동물은 자극에 반응할 뿐 상대에 호응할 줄 모르지 않는가.**

* 엄기호, 『교사도 학교가 두렵다』, 따비, 2013, 83쪽.
** 남재일, 「시대의 창―비웃음, 혐오, 그리고 투표」, 『경향신문』, 2016. 4. 21.

특정 집단을 희화화하는 것만큼이나 몰상식한 언행이 버젓이 연출되기도 한다. 어떤 코미디 프로에서는 아동 성추행을 노골적으로 묘사해서 소송까지 걸렸고, 결국 해당 코너를 폐지했다. 예능 프로그램도 종종 문제를 일으킨다. 위험하게 오토바이를 모는 청소년이 인명 사고를 낸 경험을 자랑스럽게 늘어놓도록 한다거나, 출연자들로 하여금 롤러코스터를 타며 스파게티를 먹도록 한다거나, 참가자들이 폭염 속에서 웃통을 벗고 누워 땅바닥을 기어 다니면서 뜨겁게 달궈진 동전을 자신의 등에 얼마나 많이 붙이는지 경쟁하도록 하여 시청자들의 빈축을 사기도 했다.

유머는 쉽지 않다. 어느 디자인 회사가 문구류를 제작하면서 '니 얼굴에 잠이 오니?' '10분만 더 공부하면 미래의 아내 얼굴이 바뀐다'라는 세간의 농담을 그대로 써넣었다가 불매 운동에 부딪힌 적이 있다. 이런 개그에는 웃음 대신 쓴웃음이나 비웃음이 흘러나오고, 듣는 이들에게 거부감과 혐오감을 불러일으킨다. 유희遊戲와 농담弄談이 삐끗 도를 넘으면서 희롱戲弄으로 돌변하는 것이다. 뿌듯한 일체감으로 고양될 수 있었을 마음이 짜증과 모멸감으로 흩뜨려져버린다. '희戲'와 '롱弄'자 모두 '논다'라는 뜻을 품고 있는데, '놀이'가 자칫 엇나가면 '놀림'이 되어버린다.

"재미있잖아요? 그냥 웃자고 한 건데요……" 문제가 불거질 때마다 당사자들은 그런 식으로 둘러댄다. 친구를 왕따시켜 끔찍한 결과를 빚어놓고 장난이었다고 변명하는 아이들과 다르지 않다. 웃기기 위해 주제나 소재를 설정할 때 '기발한' 아이디어는 필요하지만, 윤리 감각과 상식을 소홀히 하면 '기괴한' 시나리오가 되어버린다. 기획 단계에서 참신한 발상이라고 우쭐해하기 전에, 시청자나 소비자들이 어떻게 느낄지를 냉정하게 짚어봐야 한다.

일상의 유머에서도 의도가 빗나가는 위험이 늘 도사리고 있다. 조크 한마디로 빵 터뜨리려고 했는데 분위기만 썰렁해지고 자신의 이미지도 실추된 경험이 있으리라. 상대방을 언짢게 하고 상처까지 준다면 관계가 위태로워진다. 이성에게 무분별한 성적 농담을 던지거나 외모에 대해 부적절한 코멘트를 해서 불쾌함을 자아내는 것이 그러하다. 그런 일이 반복되면 인격을 의심받아 기피 대상이 되고, 정도가 지나치면 법적 징계도 받는다. 권력자나 유명인은 타격이 더 크다.

그런 까닭에 지체 높은 사람일수록 더욱 신중해야 하건만, 그런 불상사가 끊이지 않는다. 왜 그럴까. 우선 그들의 오만함과 공감 능력 부족을 들 수 있다. 오랫동안 권위주의 시대를 살아오면서 윗사람들은 자기 언행에 대해 성찰하는 법을 배우지 못했거나 잊어버린 듯하다. 그리고 '아랫사람'들은 감히 이의 제기가 어렵거나 억지웃음으로 비위를 맞추기에 급급했으리라. 피드백을 받지 못하는 가운데 유머 감각은 점점 더 천박해진다. 파국에 이르지 않도록 자기 검열이나 사회적 경고가 작동해야 한다.

기분 나쁘면 웃지 않아도 된다.* 차별과 혐오가 섞인 농담에 웃지 않을 권리는 물론이요 문제를 제기할 권리도 있다. 초등성평등연구회 윤 모 교사는 아이들에게 그렇게 말해준다. 차별과 혐오 섞인 농담에 정색하고 기분 나쁘다 말하고 웃어주지 말라. 기분 나쁘면 웃지 않고 무표정으로 있는 것만으로도 충분하다. 용기가 더 난다면 "그런 말 하지 말라"라고 상대방에게 자신의 의사를 전달할 필요가 있다.** 이런 식으로 구체적인 매뉴얼을 숙지시켜야 한다.

이의 제기를 하는 방법 이외에도 다른 논법으로 응수하는 것도 가능하다. 여성을 비하하는 농담에 웃으며 맞받아친 사례를 살펴보자.

> 동료 한 명은 걸핏하면 "세상이 뒤집어져서 여자들이 밖에 나와 일을 하고 말이지. 옛날 같았으면 어림도 없는데"라는 소리를 했다. 농담이라며 하는 이 말에 얼른 화제를 돌려 입을 막을 수도 있을 테고, 요즘 그런 말 하면 큰일 난다고 부드럽게 제지할 수도 있고, 성차별이라고 엄중하게 항의할 수도 있을 터다. 혹은 과거 여성의 업적을 들어 조목조목 반박할 수도 있다. 정답은 없다. 뭐가 됐든 자기 방식대로 표현하는 것이

---

* 사라 아메드는 『페미니스트로 살아가기』(이경미 옮김, 동녘, 2017)에서 '분위기 깨는 자의 선언'을 내놓으며 열 가지 원칙을 세웠는데, 그 가운데 네번째로 '모욕을 유발하는 농담에 웃지 않을 작정이다'를 제시한다. 성차별적 농담을 거부하는 의사를 분명하게 표시한다는 의미다(423~26쪽).

** 「힘이 세지는 혐오 대응법…… '노!'라고 말하세요 이제부터 달라집니다」, 『경향신문』, 2017. 10. 22.

중요하다. 나도 내 방식대로 웃으며 말했다. "그러게요. 세상
이 뒤집어져서 상놈들이 나랏일을 다 하고요. 옛날 같으면 어
림도 없는데. 그래서 선생님도 공무원 하는 거잖아요. 세상일
이 다 그렇죠, 뭐."*

웃음은 관계 속에서 우러나오는 것이고 마음의 자장을 빚어내
는 에너지다. 그것은 사회적 파급력을 갖는다. 심기를 불편하게 하
고 특정 집단에 대한 편견을 조장하는 유머에 대한 견제가 필요한
이유다. 비난하거나 무안하게 하지 않고 상대방을 존중하면서 자신
의 느낌을 '나 전달법I-message'으로 솔직하고 투명하게 피드백하자.
우리의 의식과 감수성이 사회 속에서 형성되는 것인 만큼, 함께 배
우면서 왜곡된 문화를 바꿔갈 수 있다.

*   윤정연, 「무뢰한에게 날리는 유쾌한 펀치」, 『한겨레21』, 2018. 11. 5.

2. 음담패설이 불쾌하지 않으려면

　성적 농담은 유머의 중요한 장르다. 그런데 성을 주제로 한 유머는 상황과 맥락에 따라 통쾌한 해방감을 자아낼 수도 있고, 불쾌한 억압으로 작동할 수도 있다. 한국에서는 전자보다 후자로 흐를 때가 많은 듯하다. 왜 그럴까. 앞서 언급한 권위주의와 함께 비루한 남성 문화를 지적해야 한다. 한국은 근대사회에 접어든 이후에도 성별 분리의 관행이 지속되었다. 기성세대가 자라던 시절에는 남녀공학이 매우 적었기에 청소년기에 이성을 접하기가 어려웠다. 그러다가 남자들은 군에 입대하여 성인기를 맞는다. 거기에서 사회생활의 원리를 체득하고 소통의 방식과 일상의 감각도 익힌다. 특히 성적인 잡담들을 통해 욕망의 회로가 형성된다.

　그 언어 세계는 어떤 모습일까. 고 최인훈 작가는 자신의 생애를 돌아보며 사회와 문명을 조감하는 책『화두』를 펴냈는데, 1950년대 중반에 경험한 신병훈련소를 증언하는 대목이 있다. 당시엔 끔찍한 구타가 수시로 벌어졌고 인권을 짓밟는 욕설과 온갖 비리와 부정이 난무했다. 그와 함께 괴로웠던 일은 일상에 가득 찬 성적인 비속어였다고 작가는 회고한다.

> 우습지도 않은 괴상한 성적 농담에 분위기를 갖추기 위해 동
> 조하는 자신을 발견하는 것은 성가신 일이었다. 아마 세계의
> 모든 군대의 동서고금의 공동 풍속에 접한 것이라고 나는 곧
> 이해하게는 되었다. 이처럼 잡다한 경력을 가진 병사들이 모
> 인 곳에서 보편적으로 기능할 수 있는 유일한 수사체계가 성
> 적 현상학이라는 것도 이해할 수 있는 일이지만, 신병훈련소
> 의 그것은 결코 보존되어야 할 전통인 것 같지는 않았다.
> 〔……〕쓸데없이 남용되는 성적 수사는 실지로는 적당주의와
> 억압적 분위기를 만드는 데만 유용했다고밖에는 기억되지 않
> 는다.*

  지금 사회의 주축을 이루는 세대의 남성들은 위에서 묘사한 것
과 크게 다르지 않은 병영 환경을 통과했다. 군대에서 형성된 마음
의 습관은 남성 문화의 중요한 자양분이 되었고, 학교와 직장 등 사
회 곳곳으로 스며들어 갔다. 그 핵심은 무엇일까.
  우선 '잡다한 경력을 가진 병사들'이라는 점이 중요하다. 구성
원들이 공유하는 문화적 바탕이 없다는 말로서, 생애의 이력도 천차
만별인 데다가 공통으로 지향하는 가치나 목적도 없다. 전쟁이 없는
시기여서 나라를 지킨다는 절박함도 부족하다. 병사들을 통합하는

* 최인훈, 『화두 2』, 문학과지성사, 2008, 200쪽.

164

기제는 막강한 권력과 폭력이지만, 그것만으로는 한계가 있다. 집단의 일체감을 느끼게 하는 정서적인 접착제가 필요하다. 잡다한 배경을 가진 남자들끼리 가장 쉽게 통할 수 있는 것은 성적인 가십이다. 이러한 현상은 군대 말고도 여러 집단에서 나타나는데, 사람을 도구화하는 조직일수록 성 의식이 왜곡되어 있다.

또 한 가지 주목할 것은 성적 수사修辭가 억압적 분위기를 만든다는 점이다. 병사들이 늘어놓는 음담패설이 왜 억압으로 연결될까. 우선 성적 수사를 강요하는 것 자체가 억압이겠지만, 그런 언어가 만연하는 것도 정신을 억누른다. 인권을 원천 봉쇄하는 것이다. '그래, 우리는 모두 이렇게 막돼먹은 놈들이거든!' 서로의 인격을 비하하고 저속한 존재로 퇴락시키면서 이성과 상식을 거세해놓으면, 부조리와 폭력이 수월하게 통용된다. 그 결과 억압은 자연스럽게 받아들여진다.

1987년 이후 정치의 민주화가 꾸준하게 진행되고, 그에 맞물려 여러 제도와 시스템이 개선되어왔다. 그러나 외형적인 차원의 변혁은 빠르게 진행되지만, 생각과 감정 그리고 일상의 여러 습속들은 쉽게 바뀌지 않는다. 뒤늦게 벌어진 미투 운동이 그것을 반증한다. 남성 지배 체제에서 여성을 성적인 존재로만 바라보는 관점은 가장 당연시되는 문화 코드 가운데 하나였다. 김현미 교수는 2016년에 일어난 강남역 살인사건에 대한 담론을 분석하면서 여성 혐오의 뿌리에 왜곡된 젠더 인식이 자리 잡고 있음을 밝힌다.

남성들은 젠더화한 몸을 가진 여성의 공포를 공감할 수 없다. 공중화장실, 거리, 학교, 직장, 주차장, 골목, 집에서 느끼는 여성의 긴장과 두려움을 이해하지 못하기 때문이다. 여성은 그저 이기적이고, 능력 있고, 과시적이며, 섹시한 존재로만 소환된다. 실제로 현실 속 여성들은 고질적이고 일상적인 성차별 문화에서 고군분투하지만, 혐오 담론은 이를 은폐시키는 데 일조한다. 일상적으로 만연한 외모 평가, 성적 농담, 섹시함을 과시해보라는 요구 또한 여성 혐오와 기원을 같이한다. 여성을 오락거리로 만들고 마음에 들지 않으면 언제든지 모욕의 대상으로 만들 수 있는 권력이 그러하다.*

'여성을 오락거리로 만들고 마음에 들지 않으면 언제든지 모욕의 대상으로 만들 수 있는 권력'은 남성 또한 비인간화하는 방향으로 작동한다. 여성들 앞에서 대단한 위세를 부릴지 몰라도, 남성들끼리도 경직된 위계질서로 서로를 구속하는 것이다. 여성을 성적인 대상으로 소외시키는 농담은 그런 억압 구조 속에서 분비된다.

성을 소재로 하는 농담이 모두 지탄받아야 하는 것은 아니다. 경직된 도덕주의는 유머를 질식시킨다. 어느 사회에서나 성을 소재로 하는 이야기들이 있었고, 그것은 민속 문화의 유쾌한 콘텐츠다. 지금도 희극이나 코미디 등의 장르에서는 물론, 우리 일상에서도 성적 코드가 담긴 유머는 청량제 역할을 해줄 수 있다. 다만 전제 조

* 　김현미, 「'묻지마 살인'이라는 말은 무엇을 숨기나」, 『시사IN』, 2016. 6. 4.

건이 있다. 인간의 존엄을 훼손하지 않는 내용이어야 하고, 적절한 자리에서 기꺼이 즐길 수 있는 사람끼리 주고받아야 한다.

해학이 추잡醜雜으로 흐르지 않으려면 분위기 파악을 잘해야 한다. 상대방과의 관계를 분별하고 듣는 사람들의 심경을 헤아리는 직관이 요구된다. 내 발언이나 행동이 뜻하지 않게 상대방의 부정적인 반응을 불러일으키는 시행착오를 겪으면서 유머 감각을 가다듬어갈 수 있다. 여기에서 중요한 것은 피드백이다. 부적절한 농담을 했을 때, 말로든 표정으로든 그 말을 듣는 기분에 대해 솔직하게 전해주는 관계가 중요하다. 그리고 그것을 기꺼이 받아들일 수 있어야 한다.

가장 안전한 것은 어떤 관계에서든 조심하는 것이다. 일정한 선線을 넘지 않도록 유념하면 된다. 『도덕경』에 '지지불태知止不殆'라는 구절이 있다. 멈출 줄 알면 위태롭지 않다는 뜻이다. 살면서 뼈저린 후회로 남는 일들은 거의 다 어느 선에서 멈추지 않아서 벌어진다. 농담에도 브레이크가 필요하다. 다른 사람이나 집단을 비하하거나, 성적인 코드가 담겨 있는 표현은 특히 주의해야 한다.

더 나아가 근본적으로 유머의 차원이 달라져야 한다. 성적인 은유나 암시에 의존하지 않고도 통쾌한 웃음을 자아낼 수 있는 익살의 세계를 넓혀가자. 남녀가 서로의 인격을 침해하지 않고 즐길 수 있는 언어 공간을 다양하게 창출하자. 『시경』에 '낙이불음樂而不淫'이라는 구절이 있다. "즐기되 음란하지 않다"라는 말로서, 그것은 금

욕주의적인 절제를 통해서만 가능한 것은 아니다. 성에 대한 이중성과 억압이 줄어들 때, 그리고 삶과 세상을 경이로운 눈으로 바라보는 문화가 자라날 때, 마음의 결이 자연스럽게 어우러지는 해학이 빚어질 것이다.

3. 억지웃음의 비굴함과 괴로움

> 약자는 자주 미소 짓는다. 서열이 낮을수록 '당신에게 나는 위험한 존재가 아닙니다'라는 신호를 보내며 혹시나 모를 거부감을 막아보려 한다. 인간이란 종은 '귀여움'에 약하기에, 약자는 아기처럼 순하게, 강자보다 더 많은 시간을 빗질하듯 자신의 태도를 손질한다.
>
> ─안희경*

　밀란 쿤데라의 『무의미의 축제』라는 소설에는 옛 소련의 서기관이었던 니키타 흐루쇼프의 회고록에 실린 일화가 소개된다. 그의 전임자 스탈린이 측근들에게 자신의 경험담을 들려주었다. 어느 날 장총을 들고 사냥을 나갔는데, 13킬로미터쯤 걸었을 때 나무 위에 앉은 자고새들이 눈에 들어왔다. 세어보니 스물네 마리. 그런데 탄알을 열두 개밖에 가져오지 않았다. 그래서 우선 열두 마리를 쏘아 죽인 다음, 집에 가서 탄알 열두 개를 더 챙겨다가 다시 13킬로미터를 걸어와서 나머지 열두 마리를 쏘아 죽였다.

---

　　*　안희경, 「'너나 나나' 우리는 인간… 소외·차별당하는 모두가 난민 아닐까」, 『경향신문』, 2018. 7. 28.

흐루쇼프에 따르면, 그 자리에 있던 측근들은 아무도 웃지 않았다. 그 대신 잠시 후 화장실에 가서, 어떻게 그런 거짓말을 버젓이 늘어놓을 수 있느냐며 입에 거품을 물고 욕을 했다. 아무도 그의 허풍을 농담으로 여기지 않은 것이다. 이 일화를 두고 쿤데라는 말한다. 농담이 축자적 진실로 오독되던 시대를 지나 아예 거짓말로 여겨지는 시대가 열렸다고. 바야흐로 '농담의 황혼, 장난-후後의 시대'가 도래했다고.

흐루쇼프의 증언이 정확하다면, 엄혹한 전체주의는 농담조차 통하지 않을 만큼 경직되어 있었다고 해석할 수도 있다. 일상에서 유머를 주고받을 여유가 없고, 어쩌다 농담을 해도 곧이곧대로 들을 만큼 마음이 척박해진 것이다. 또는 스탈린이 평소에 늘 경직되고 위압적인 모습만 보였는지도 모른다. 아무튼 모처럼 사람들을 웃기려고 했던 스탈린은 그 싸늘한 침묵에 얼마나 민망했을까. 유머는 일종의 위세를 과시하는 퍼포먼스인데, 그것이 전혀 통하지 않았으니 말이다.

그런데 이와 같은 일은 실제로는 좀처럼 벌어지지 않는다. 대개는 측근들이 과장된 웃음을 터뜨리면서 즐겁다는 듯 연기를 한다. 권력자의 비위를 맞추면서 영혼이 없는 기쁨조 노릇을 잘해야 측근이 될 수 있고, 시시한 농담이나 황당한 허풍에도 박장대소해주는 센스가 있어야 출세할 수 있기 때문이다. 동서고금을 막론하고 과장된 리액션은 아첨의 필수 요소다. 그런 감정 노동이 거듭되면서 자존감은 점점 박약해진다.

더 심각한 문제는 그런 연기와 가면무도회에 권력자들이 속아 넘어간다는 것이다. 그들이 평소에 어울리는 사람들이 누구일지 추정해본다. 너저분한 농담을 던지면 그와 비슷한 언사로 맞장구치며 쾌감을 나누는 유유상종의 무리, 유쾌하지 않지만 가면을 쓰고 딸랑딸랑 박수를 보내는 아첨꾼들, 비위가 거슬리고 인격을 침해당해도 감히 표현하지 못한 채 숨죽이고 있는 약자들이 아닐까. 공식석상에서든 사석에서든 기분 내키는 대로 말을 내뱉어도 아무런 문제가 생기지 않는 동질적 폐쇄 집단 내지 비민주적 권력관계에 익숙해져 있다. 그래서 타자에 대한 상상력과 감수성이 마비되었다.

미국의 어느 경영학 서적에는 CEO들이 자신의 유머 감각에 대해 착각하기 쉽다고 경고하는 대목이 있다. 자기를 무조건 떠받들어주는 소왕국에 갇혀 지내다 보면, 벌거숭이 임금님 같은 신세가 된다는 말로 해석할 수 있겠다. 방송인 김제동도 어느 인터뷰에서 그와 비슷한 말을 했다. "듣는 너만 좋고 나는 굴욕감을 느끼면 그건 아부예요. 그런 관계는 오래가지 못해요. 직장 상사가 하는 말에 모두 웃는 것, 그건 아부죠. 〔……〕 누구나 직장을 그만둘 때 꿈꾸는 거 있잖아요. 사장이 똑같은 유머를 했을 때, '안 웃기거든, 이 새끼야. 한 번도 웃기지 않았거든, 이 새끼야'라고 말하는 거요. 그게 진짜 통쾌한 거죠."*

재미는커녕 비웃음이나 욕설이 나오는데 살아남기 위해 애써 웃음을 연기해야 한다면, 어느덧 그것이 습관이 되어 자동 반사로 웃음이 흘러나온다면, 겉과 속이 분리되고 단절되어 존재 불감증에 빠져 있을 가능성이 높다. 비굴하게 처신하는 스스로의 모습을 직면하기가 괴롭고, 내면의 목소리를 듣는 것이 힘들어지는 것이다. 그래서 부당한 권위주의에 문제의식을 갖고 맞서는 것이 아니라, 나도 언젠가 끗발을 과시하리라는 오기로 흐르기 쉽다. 갑질에 시달리던 사람이 갑의 위치에 서면 똑같이 행패를 부리는 경우가 많은데, 피해자가 가해자로 돌변하는 구조는 우리의 일그러진 욕망 안에 이미 잉태되어 있다.

마음이 공허할수록 겉으로 드러나는 권세에 집착한다. 자신이 얼마나 중요한 존재인지, 다른 사람들에게 영향력을 행사할 수 있는지를 끊임없이 확인해야 한다. 그런 상황에서 거짓 웃음이 만연한다. 자기 기분을 억누르고 오롯이 윗사람의 심기에 주파수를 맞추는 헛웃음, 그리고 부실한 리더십과 저열한 인격을 위장하는 과시적인 웃음 말이다. 둘 다 과장된 목소리와 몸짓을 동반할 때가 많다. 실존주의 심리 분석의 거장 롤로 메이는 억지웃음과 호탕한 웃음에 대해 말하고 있는데, 그 두 가지 모두 인간성 상실을 드러내는 징후라고 설파한다.

★   신기주 인터뷰, 「웃음이 혁명이다」, 『인물과사상』, 2015. 12, 22쪽.

억지웃음은 G. 베블렌이 생생하게 표현한 것처럼 인간의 감수성과 지각을 둔하게 만드는 결과를 낳는다. 이 따위 웃음을 통해서는 곤란에 빠졌을 때 헤쳐 나가는 새롭고 용감한 방편을 배우지 못하고, 반대로 불안이나 공허감에서 도피하려고만 하게 된다. 이런 웃음은 또한 우리가 괴로울 적에 술이나 섹스를 통해서 괴로움을 잊어버리려고 하듯이 일시적인 긴장 해소책은 되겠지만 그것이 지나고 나면 여전히 공허감이 남게 된다. 어떤 사람은 승리자의 웃음처럼 호탕한 웃음을 나타내 보이는데, 이것은 미소와는 구분된다. 또 어떤 이는 화가 나고 불안할 때 웃는 수도 있다.

예컨대 히틀러의 '미소'를 찍은 사진에서는 오히려 일종의 찡그린 모습을 볼 수 있는데 이것은 불안이나 노여움의 웃음이다. 호탕한 웃음은 새로운 성취를 이룩한 데 대한 만족의 웃음이 아니고, 자신이 다른 사람들을 꺾었다는 것을 만족하는 웃음이다. 이와 같은 호탕한 웃음이나 좀 전에 말한 억지웃음은 모두 인간의 존엄성과 중요성을 상실했음을 표시하는 웃음이다.*

촛불 광장과 정권 교체 이후, 한국 사회에는 탈권위주의의 바람이 불고 있다. 높은 지위를 내세워 거드름을 피우거나, 돈과 조직의 힘으로 갑질을 일삼거나, 공식적·비공식적으로 주어진 특권을 마구 휘두르거나, 단지 나이가 많다는 이유로 대접을 받으려 하거나, 자신의 한정된 경험을 근거로 가르치려 들거나 하는 행태에 제동이

* 롤로 메이, 『자아를 잃어버린 현대인』, 백상창 옮김, 문예출판사, 2015, 72쪽.

걸리기 시작했다. 어디서나 힘겨루기를 일삼고 조금만 우위에 있다 싶으면 안하무인이 되는 남자들은 '개저씨'라고 손가락질당한다. 일상의 민주주의가 확장되는 징후다.

그러한 변화는 진짜 웃음의 회복을 수반한다. 구태의연한 질서가 흔들리고 삶과 사회가 정상화되는 과정에서 공적인 기쁨이 자연스럽게 생성된다. 김제동은 앞서 인용한 인터뷰에서 계속 말한다. "그래서 웃음이 혁명과 맞닿아 있다는 거예요. 기존에 있는 잘못된 권위가 무너져 내릴 때 진짜 통쾌하게 웃을 수 있거든요. 권위 지체를 부정하자는 이야기와는 좀 달라요. 권위가 무너질 때 사람들이 웃는다는 건 그 권위가 잘못된 기반 위에 있다는 증거죠. 진짜 권위가 무너질 때는 웃지 않아요. 울죠. 어떤 권위가 무너질 때 사람들이 운다고 하면 그것은 괜찮은 권위라고 봐도 돼요."

잘못된 권위를 극복할 때, 우리는 잊고 있었던 인간의 존엄을 새삼 자각하게 된다. 많은 것이 제자리를 찾아가는 모습을 보면서, 이상과 현실 사이의 닮은꼴을 확인하고 세계를 구성하는 당당한 일원으로 자리매김하는 것이다. 마음으로 동의가 되는 권위를 만나게 될 때, 우리는 자신의 감정에 솔직해질 수 있다. 윗사람 눈치를 보면서 자기 검열을 하지 않아도 되기 때문이다. 그 권위를 기꺼이 지지하는 사람들끼리 든든하고 뿌듯한 유대감이 형성되면서 실존의 공간이 안전해지기 때문이다. 그때 웃음은 가슴에서 흘러나오는 밝은 기운이 된다.

「비상」(감독: 임유철)이라는 다큐멘터리 영화가 있다. 2007년에 개봉한 작품으로, 당시 창단된 지 2년밖에 되지 않은 시민구단 축구팀 '인천유나이티드'가 K리그 준우승을 달성하는 과정을 담아낸 작품이다. 거기에 흥미로운 장면이 나온다. 전반전이 끝나고 15분의 휴식 시간이 주어지면 선수들은 감독과 함께 로커룸으로 들어간다. 그 안에서 무슨 일이 벌어질까? 대개는 전반전에 대한 평가와 후반전을 대비한 작전 지시가 주를 이룬다. 인천유나이티드의 감독은 좀 특이했다. 선수들이 둘러앉은 자리에서 전반전 플레이 가운데 몇몇 동작을 코믹하게 재현하는 것이었다. 선수들은 배꼽을 잡는다. 후반전을 앞두고 잔뜩 긴장되어 있을 선수들의 마음을 웃음으로 풀어주는 모습이 인상적이었다.

리더나 윗사람이 적절하게 유머 감각을 발휘하면 구성원들의 사기가 경쾌해진다. 상대방을 얕잡아 본다거나 그 위에 군림하려는 태도에서는 절대로 좋은 유머가 나올 수 없다. 권위주의, 위선, 파워 게임 등으로 점철된 관계에서는 착각과 비굴의 웃음이 있을 뿐이다. 상대방을 자신과 대등한 위치에서 존중하고 그 입장을 세심하게 배려할 때, 마음 열리는 유머가 가능하다. 지배하려는 욕망이 아니라 연결하고자 하는 소망이 유머 감각의 원천이다.

4. 마음의 장場이라는 것

너의 존재 방식에 섬세하게 깨어 있지 않다면, 내가 아무리 너
에게 악수를 청했다고 해도 나는 너와 소통한 게 아닐 것이다.
〔……〕 타인과 진심으로 연결되기 위해선 먼저 나의 욕망을
비워야 한다. 마음의 귀를 쫑긋 세워 작고 여린 소리들까지 광
대역으로 수신할 것. 진정한 소통을 위하여.

─김선우, 「바닷새 기르기」에서 *

병원이나 요양원에서 웃음 치료 프로그램을 운영하는 경우가
있다. 웃음은 통증을 완화하고 면역력을 높여주기에, 의료적인 처
치에 곁들여지면 건강 증진에 도움이 된다. 그러나 참가자들의 구
성에 따라 맞춤형으로 기획되어야 한다. 환자들의 처지를 섬세하게
고려하지 않고 판에 박힌 프로그램을 돌리면 오히려 역효과가 나기
쉽다. 다음 글은 어느 암 환자가 자신의 요양원 생활을 묘사하면서
웃음 치료 시간을 언급하는 대목이다. 한때 대장암 환자였다는 웃

* 김선우, 「김선우의 빨강─바닷새 기르기」, 『한겨레』, 2014. 5. 29.

음 치료사는 몇 가지 아재 개그를 날리고, 아내를 고생시킨 남편들에게 욕을 퍼부으면서 손가락질을 유도한다. 나이 든 여성 환자들은 대부분 지독한 가부장 문화를 겪어냈기에 통쾌한 웃음을 터뜨리며 따라 한다. 하지만 필자에게 그런 분위기는 생뚱맞게 느껴진다. 그 소감을 다음과 같이 쓰고 있다.

> 60~70대 환우들은 웃음 치료사가 권하는 대로 손가락으로 허공을 찔러대며 웃느라 정신이 없다. 웃음 치료사가 어머님~, 아버님~이라고 칭하며 우리들의 웃음보를 겨냥할 때, 암 환우를 대상으로 하는 많은 프로그램들이 그러하듯이 그 살가운 호칭은 비교적 이른 나이에 암에 걸린 우리를 살짝 비껴간다. 40~50대인 우리에게 어머니·아버지라는 호칭은 아직 이르기에, 가족을 위해 희생하며 할 말도 못 하고 살아왔다고 할 수는 없기에, 웃음 치료사의 유머 코드가 딱히 우리의 유머 코드와 일치한다고 볼 수는 없기에, 갑자기 「남행열차」류의 노래가 흘러나온다고 절로 흥이 나며 몸이 들썩여지지는 않기에. 웃음 치료의 끝에 춤을 추는 환우들 사이에서 우리는 어정쩡하게 겸연쩍으면서도 송구스러운 마음으로 비껴서 있다.[*]

때로 유머는 매우 쉽다. 웃음이 자연스럽게 흐를 때는 누구나 저절로 유머리스트가 된다. 하지만 냉랭한 분위기에서는 최고의 코

[*]　정재희, 「경주에서 1년」, 『한겨레21』, 2017. 12. 11. 『한겨레21』에서 선발하여 수여하는 '손바닥문학상'이 있는데, 2017년 당선작은 「경주에서 1년」이라는 자전적 소설이다. 유방암 4기 판정을 받고 경주에 있는 어느 요양원에서의 경험과 관찰을 풀어낸 내용이다.

미디언도 속수무책이다. 어설픈 농담을 던져봤자 오히려 더 어색해질 뿐이다. 웃겨보겠다고 한 마디 했는데 전혀 웃기지 않았을 때의 무안함, 겸연쩍음, 창피함…… 누구나 그런 기억을 갖고 있을 것이다. 그런가 하면 상대방이 농담을 걸어왔는데 받아줄 기분이 아니라서 곤혹스러워지기도 하고, 기분은 괜찮은데 어떻게 맞장구쳐야 할지 몰라 쭈뼛쭈뼛해지는 경우도 있다. 외국인 앞에서 그 나라 말을 할 줄 몰라 말문이 막히는 것과 비슷하다.

유머는 대개 주어진 맥락 속에서만 실시간으로 의미를 발생시키고 웃음을 자아낸다. 조금만 시간 차가 생겨도 효력이 사라진다. 낮에 친구가 던진 농담의 뜻을 알아듣지 못해 멀뚱멀뚱 있다가, 저녁에 귀가해서 비로소 감을 잡고 그제야 친구에게 전화해서 깔깔대고 웃는다면 어떻게 되겠는가? 타이밍이 생명이다. 대화의 흐름이나 벌어지는 상황을 시의적절하게 비집고 들어가 한마디를 던지는 순발력이 요구된다. 요즘 흔히 쓰는 말로 '촉'이 있어야 한다.

미국의 어느 교회에서 예배를 드리는데, 청중석에서 갑자기 휴대전화가 울렸다. 엄숙하고 경건한 분위기를 깨는 소리였다. 몹시 당황한 당사자는 황급히 가방을 뒤지기 시작했다. 그때 목사님이 던진 한마디. "Jesus is calling you!"라고 하면서 빨리 받으시라고 했다고 한다. 'call'이라는 동사에 '부르다'와 '전화 걸다'라는 두 가지 뜻이 있는 것을 활용한 유머다.

중요한 것은 절묘한 순간에 실마리를 낚아채는 직관이다. 위트wit

를 기지機智라고 번역하는데, 기機는 '때' '조짐' '계기' 등을 뜻하는 한자어다. (그래서 '기회를 보고 움직이는 마음'을 '기심機心'이라고 칭하며 동양 사상에서 경계해왔다.) 그러니까 '기지'는 '그 순간을 놓치지 않고 발휘되는 지혜'라고 풀이할 수 있겠다. 유머의 생명은 순발력과 재치다. 그것은 곧 맥락을 알아차리고 실마리를 포착하는 센스다.

맥락이란 무엇일까. 사전적 의미로는 '어떤 일이나 사물이 서로 연관되어 이루는 줄거리'로서, 말이나 행동의 의미 그리고 그에 수반되는 감정을 좌우하는 조건이라고 할 수 있다. 똑같은 사건이나 경험도 맥락에 따라 다르게 경험된다. 예를 들어 외국 여행 중에 주변에서 한국말이 들리면 귀가 솔깃해지고 한국 사람을 만나면 반갑기 그지없다. (한국에서 멀리 떨어진 나라일수록 더욱 그렇다.) 한국에서라면 전혀 그럴 일이 없다. 연극을 관람하는데 갑자기 휴대전화가 울리면 짜증이 나지만, 무대 위에서 울린다는 것(즉, 연극의 일부라는 것)을 알고 마음이 가라앉는다.

맥락은 물리학에서 말하는 장(場, field)이라는 개념으로도 설명할 수 있다. 시공간의 각 점마다 값이 달라지는 물리량, 즉 시공간의 함수로 주어지는 어떤 물리량이 장이다. 그것을 사회에 응용해볼 수 있겠다. 중력장이나 전기장이나 자기장처럼, 사람과 사람 사이에서도 에너지가 배치되고 작동하는 모양새가 있다. 예를 들어 음악 공연장에서 가수의 노래를 따라 '떼창'을 하는 관객들은 마치 거대한 신경망으로 연결되어 있는 듯하다. 축구 경기장에서 자기편

선수가 승부차기에서 실수를 하고 머리를 감싸면, 응원하던 관중들도 무의식적으로 똑같이 움직인다. '장'은 몸과 몸이 어우러져 빚어내는 마음의 공간이다.

웃음도 마음의 공간에서 증폭된다. '장'이 마당이라는 뜻이니, 마당극을 생각해보면 개념이 분명하게 와닿을 듯하다. 한가운데에 무대가 있고, 관객들이 빙 둘러앉는 공간 배치를 떠올려보자. 시선이 전방위로 교차하면서, 의식적으로 그리고 무의식적으로 서로의 표정을 마주하게 된다. 그렇게 되면 웃긴 장면이 펼쳐질 때, 웃음이 순식간에 커다란 파장을 일으킨다. 앞쪽에 무대가 있고 앞사람의 뒤통수만 보게 되는 공연장보다 감정이 더 쉽게 증폭되는 것이다.

웃음이 사회적 전염성을 강하게 띤다는 것은 여러 가지로 확인된다. 똑같이 웃긴 이야기를 듣거나 장면을 접하더라도, 마음이 통하는 사람들과 함께 있으면 웃음소리가 더 커진다. 그리고 이미 잘 알고 있는 우스개를 누군가에게 들려줄 때, 상대방이 크게 웃으면 나도 마치 처음 듣는 이야기인 양 폭소를 터뜨리는데 바로 에너지가 흐르기 때문이다. 또한 웃음의 전염성을 활용하는 장치 중 하나로, 코믹 드라마나 예능 프로그램에서 웃음소리를 녹음해 웃길 만한 장면에 삽입하기도 한다. 내용이 별로 웃기지 않아도 그 음향이 즐거움을 유발하면서 덩달아 웃게 된다. 말하자면 공명 효과 같은 것이다.

함께 웃는 것은 온몸으로 행하는 소통이다. 어떤 상황이나 타인의 언행에 대한 감정과 의미를 공유함으로써 일정한 세계의 존재를 확증한다고 할까. 그래서 모두 웃는데 어떤 사람이 웃지 않는다면 신경이 쓰인다. 공동의 리얼리티에 균열이 일어난 듯해서 긴장하는 것이다. 또는 웃지 못하는 사람도 거기에서 배제되었다는 느낌을 갖기 쉽고, 그래서 웃는 척이라도 할 때가 많다. 그런 단절 없이 경쾌한 웃음이 자연스럽게 꽃피는 관계는 정서적인 유대가 깊다고 볼 수 있다. 대화하면서 수시로 배꼽 잡고 웃는 사이인데 말이 안 통하는 관계는 별로 없다. 유머 코드가 비슷하면, 다른 일에서도 코드가 잘 맞을 확률이 높다.

코드는 일정한 장 속에서 작동한다. '장'은 객관적으로 존재하는 것이 아니라, 함께 있는 사람들의 상호 주관적인 해석에 의해서 결정된다. 그것을 사회학에서는 '상황 정의definition of situation'라고 하는데, 일정한 시공간에 있는 구성원들이 상황을 인지하는 방식을 가리킨다. 유머에서 이러한 암묵적 합의는 필수적 전제다. 어떤 발언이나 행동이 진지한 것인지, 아니면 장난인지를 모두 공유하고 그 모드에 맞춰 상호작용해야 하기 때문이다. 헷갈리지 않도록 하기 위해 "이거 웃자고 하는 말인데……"(아니면 정반대로 "이거 진지하게 하는 말인데")라고 미리 깔고 들어가거나, 말한 다음에 "농담이야"라고 토를 달기도 한다. '야자 타임'처럼 분명하게 선언하는 경우도 있다.

그러나 대개의 경우는 직감으로 알아차린다. 가끔 사건 자체가 애매해서 또는 몇몇 사람이 눈치가 느려서 상황 정의를 공유하지 못하는 경우가 있다. 상황 정의가 충돌하기도 한다. 그래서 '웃자고 한 말인데 죽자고 덤비기'도 하고, 정반대로 진지한 말을 농담으로 오해하기도 한다. 분위기가 냉랭해지거나 성희롱이 되거나 발화자의 의도와 다르게 상대방이 상처를 받기도 한다. 이렇듯 유머는 지극히 맥락 의존적인 의미 작용이다.

따라서 유머 감각의 절반 이상은 맥락에 대한 감수성이라고 할 수 있다. '감각' 혹은 '센스'를 쉬운 말로 풀이하면 '눈치'다. 다른 사람이 지금 이 상황을 어떻게 느끼고 있는지, 자신이 그들의 눈에 어떻게 비치고 있는지에 대해 민감해야 한다. 타인의 시선에 신경을 곤두세우는 사람이 자기 자신을 객관화하는 시력은 미약할 수 있다. 상대방과의 관계가 기본적으로 어떤 정서로 채워져 있는지, 그동안 어떤 경험과 기억을 공유해왔고 그 속에서 서로의 모습이 어떻게 각인되어왔는지를 의식해야 한다. 그렇지 않으면 재미있는 유머를 구사해도 유쾌함을 자아내지 못한다.

유머는 개인이 발휘하는 능력이나 감각이지만, 신뢰와 공감의 사회적 공간에서 자연스럽게 발현되는 우연의 예술인 경우가 더 많다. 유머가 인간관계를 바꾸는가 하면, 거꾸로 인간관계가 유머를 유발하기도 한다. 대화의 상대 또는 함께 있는 사람들이 누구인가에 따라 마음의 장이 다르게 형성되기 때문이다. 그렇다면 우리는 어떻게 유머 친화적인 사회를 만들어갈 수 있을까.

5. 정서적 신뢰가 중요하다

아버지는 어린 내가 그린 그림에 감탄했다. 칭찬을 받으려고 보여주었던 스케치들을 마치 걸작이라도 되는 듯 꼼꼼히 살펴보았고, 아무리 싱겁고 시시한 농담을 해도 진심으로 미소를 지어 보였다. 아버지가 보여준 믿음이 없었더라면, 작가가 되고, 이를 내 삶으로 선택하기가 훨씬 어려웠을 것이다.

—오르한 파묵, 『다른 색들』에서*

돌이켜 보면, 예전에는 함께 웃음을 터뜨리는 일이 많았던 것 같다. 예를 들어 내가 어릴 때는 친척들이 자주 모였는데, 늘 몇몇 웃기는 분들 때문에 시간 가는 줄 몰랐다. 학교에서도 반에는 항상 괴짜 내지 '물건'이 몇 명 있어서, 결정적인 순간에 한 방씩 터뜨려 주었다. 인기리에 방영되었던 드라마 「응답하라 1988」에 나온 정환이네 집의 '정봉' 같은 캐릭터를 떠올려보라. 그저 존재 자체로 웃음을 불러일으킨다. 아이들의 세계만 그랬던 것이 아니다. 1970년대에 친구들이 어울리는 장면을 묘사한 다음의 시를 보자.

* 오르한 파묵, 『다른 색들』, 이난아 옮김, 민음사, 2016, 30쪽.

신용카드 한 장 변변찮은 헌털뱅이들이다
헌털뱅이 파카나 걸치고
이번엔 누구를 약올려줄까
눈에 개구가 반짝반짝 올라서들 온다
개구진 헌털뱅이들은 화투도 반은 입으로 친다
판에 오천 원 내기 바둑이 하도나 꼬수워
낄낄낄 어쩔 줄을 모른다
구경하는 치들도 낄낄낄낄
좋아서 어쩔 줄을 모른다
쇠죽 쑤는 아랫목인 듯
그 낄낄낄 위로 뒹굴며 모두 같이 등을 지진다
푹 삶은 누룽지처럼 서로를 한 대접씩 마시고
속을 데우는 것이다

—김사인, 「친구들」에서*

    얼핏 상상해보건대, 상황 그 자체로는 그다지 웃기지 않다. 누군가가 배꼽 잡을 만한 말이나 행동을 한 것도 아니다. 모두가 스스럼없이 속내를 드러내고 개구쟁이처럼 넉살을 떨 뿐이다. 사람과 사람 사이에 방어막이 드리워지지 않을 때, 자연스럽게 유쾌한 분위기가 창출된다. 그 속에서는 특별히 유머 감각이 없어도 웃음의 버튼을 쉽게 누를 수 있다.

    언제부터인가 사회적 유대가 느슨해지기 시작했고, 삶은 섬처럼

*   김사인, 「친구들」, 『가만히 좋아하는』, 창비, 2006, 36쪽.

고립되어갔다. IMF 금융 위기 이후 경제 상황이 악화되면서 생존에 전력투구하게 된 것, 그리고 대도시에서는 재개발과 뉴타운 건설로 기존의 저층 주거지가 대거 해체된 것 등이 주요한 원인으로 거론된다. 디지털 미디어를 통해 사방팔방으로 네트워크가 열렸지만, 오히려 그로 인해 관계가 파편화되고 오프라인의 만남은 줄어든다. 그리고 인정 욕구의 결핍은 더 커진다. 정보가 늘어나고 보이는 대상이 많아지면, 사람을 평가하는 기준이 올라가기 마련이다.

그런 가운데 개성을 가꾸고 타인에게 어필하라는 주문이 쏟아지고, 유머 감각은 그 가운데 중요한 자질로 손꼽힌다. 이제 유머는 자연스럽게 우러나오는 여흥이 아니라 의식적으로 개발하고 발휘해야 하는 스킬이 되어버린 듯하다. 유머 감각이 강박으로 다가오는 이유다. 자칫 어줍지 않은 유머를 구사했다가 오히려 낭패를 볼 수 있다. 그렇게 망설이며 시도조차 하지 않아 유머 감각을 키울 기회를 스스로 차단해버리기 쉽다. 그래서 센스도 점점 무뎌지고, 어쩌다가 상황이 주어져도 타이밍을 놓치기 일쑤다.

이런 악순환에서 벗어날 수 있을까. 아들러 심리학을 대중적으로 풀어낸 『미움 받을 용기』의 한 대목에서 힌트를 찾아보자.

> **청년** 회의할 때요. 손을 들고 발언하는 일이 없습니다. '이런 질문을 하면 웃음거리가 되겠지' '주제를 벗어난 의견이라고 바보 취급을 당할지 몰라'와 같은 쓸데없는 생각으로 손 드는

것을 망설이게 돼요. 아니, 그뿐 아니라 사람들 앞에서 가벼운 농담을 날리는 것도 주저하고요. 늘 자의식이 브레이크를 걸어서 일거수일투족을 얽어맵니다. 〔……〕

철학자   즉 자네는 자연스러운 나, 있는 그대로의 나에 대해 자신이 없다는 말이로군? 그래서 있는 그대로의 나인 채로 인간관계를 맺는 것을 회피하고 있지. 자네도 방 안에 혼자 있으면 큰 소리로 노래를 부르거나, 음악에 맞춰 춤을 추거나, 기세 좋은 말을 내뱉을 텐데 말이야. 〔……〕 혼자 있으면 누구나 왕처럼 행동할 수 있다네. 요컨대 이 또한 인간관계의 맥락에서 생각해볼 문제이지. '자연스러운 나'가 되지 못하는 것이 아니라, 그저 남들 앞에서 그렇게 행동하지 못하는 것뿐이니까.

청년   그러면 어떻게 해야 좋을까요?

철학자   결국 공동체 감각이 필요하지. 구체적으로는 자기에 대한 집착self interest을 타인에 대한 관심social interest으로 돌리고, 공동체 감각을 기르는 것. 이에 필요한 것이 '자기 수용'과 '타자 신뢰' '타자 공헌'이라네.*

회의에서 발언하기 힘들어하고 가볍게 농담을 건네는 것도 주저하는 청년에게 철학자는 다른 사람들이 자신을 어떻게 볼까에 대해 골몰하기 때문이라고 말해주고 있다. 에고의 감옥에서 해방되어 '자연스러운 나'로 다른 사람들 앞에 나설 수 있을 때, 명랑한 기운

***

*   기시미 이치로·고가 후미타케, 『미움 받을 용기』, 전경아 옮김, 인플루엔셜, 2014, 256~59쪽.

으로 소통할 수 있다는 의미다. 타인에 대한 관심과 공동체 감각이 그 핵심으로, 상대방의 마음에 온전히 귀 기울이면서 파동을 공유하면 웃음은 쉽게 터져 나온다. 방송인 김제동도 어느 인터뷰에서 이렇게 말했다. "토크 콘서트나 만민공동회를 하다 보면 '이런 게 천국 아닐까'란 느낌이 들 때가 있다. 누가 어떤 말을 해도 비난도, 말을 끊지도 않고, 별거 아닌데 웃는다. 웃음은 한 사람의 존재에 오롯이 집중해야 나온다. 민주주의는 목적이 아니라 우리가 웃도록 하는 수단이다. 함께 행복한 거, 그게 웃음이다."*

유머 감각이 부족하다고 애석해하기 전에, 자신이 맺고 있는 인간관계의 속성과 맥락을 점검해볼 필요가 있다. 앞서 인용한 글에 언급된 오르한 파묵의 아버지처럼, 별거 아닌데 기꺼이 웃어주는 사람들이 주변에 있는가? 그들과 자주 시간을 보내는가? 천부적인 유머리스트들과 자신을 비교할 필요는 없다. 우리에게 절실한 것은 애정과 존중으로 연결되는 관계다. 서로를 있는 그대로 받아들이는 관계, 가슴이 열려 있는 만남에서 웃음은 저절로 피어난다.

물론 유머는 언제든 빗나갈 수 있다. 유머는 늘 실패의 리스크가 따르는 지적인 모험이다. 위험을 무릅쓰고 감행하기 위해서는 어느 정도의 뻔뻔함과 배짱이 요구되지만, 그보다 더 중요한 것은 재미가 없어도 무안하게 만들지 않고 그것을 기꺼이 수용해주는 정서적

* 남재일, 「서의동의 사람·사이—김제동 "민주주의는 우리 삶의 목적이 아니에요… 우릴 행복하게, 함께 웃게 해줄 수단이죠"」, 『경향신문』, 2017. 3. 25.

신뢰다. 정신과 의사이자 영성 지도자인 데이비드 호킨스 박사는 공개석상에 설 때마다 엄습하는 불안과 긴장 때문에 오랫동안 고생했다고 전하며, 그러한 약점을 유머로 변환시켜 커밍아웃하면서 안전한 공간을 창출할 수 있었다고 회고한다.

> 한술 더 떠, 솜씨가 늘면서 발표를 시작할 때마다 청중에게 경고부터 했다. "저는 이 동네에서 말이 지루한 것으로 유명합니다. 솔직히 아주 짜증 나실 수도 있습니다." 그랬더니 놀랍게도 청중이 웃었다. (……) 유머는 청중의 인간적인 면모를 파고들어 연민을 얻는 방법이다. 연민 속에서 청중과 하나가 되면, 청중이 응원하며 격려해주는 것을 느낄 수 있다. 내 공포를 받아들여준 청중을 사랑하면, 청중도 그들 자신이 두려워하는 일을 하고 있는 나를 사랑해준다.*

　'청중의 인간적인 면모를 파고들어 연민을 얻는' 유머는 어떻게 가능할까. 그것은 자신의 두려움조차 상대방에게 맡겨버리는 지혜와 용기에서 우러나온다. 그들이 자신을 응원하고 격려해줄 것이라고 믿는 것인데, 이런 전폭적인 신뢰는 스스로에 대한 깊은 애정이 있을 때 가능하다. 따라서 유머 감각을 키우려면 반짝이는 지성과 함께 넉넉한 자존감이 필요하다. 요즘 많이 강조되는 '비인지적 능력'**이 필요한 것이다.

*　데이비드 호킨스, 『놓아 버림』, 박찬준 옮김, 판미동, 2013, 121~22쪽.
**　표준화된 검사 기법으로는 측정되기 어려운 정서적 역량을 가리킨다. 자기 조절 능력,

감정 코칭의 전문가 조벽 교수는 교육에서 "창의성은 허락되어야 한다"라고 말한다. 창의성을 키우는 특별한 프로그램이 없어도, 여건만 되면 아이들은 창의성을 자연스럽게 발휘한다는 의미다. 놀이의 세계가 그것을 증명한다. 유머도 마찬가지다. 그것은 허락되어야 한다. 마음을 억누르고 있는 강박, 두려움, 규범, 위계 서열에서 벗어난 안전한 공간에서 유머는 솟아오른다. 궁극적으로 나로부터 자유로워질 때, 명랑한 기운으로 관계가 충만해질 것이다. 따라서 유머를 멋지게 구사하려면 자신의 재능(?)에만 신경 쓸 것이 아니라, 타인을 배려하고 그의 눈에 자신이 어떻게 비치는지도 성찰할 필요가 있다.

　　어느 직장인의 경험담이다. 처음 입사했을 때는 상사가 하는 농담이 재미있어서 들을 때마다 크게 웃었다. 그런데 다른 직원들은 시큰둥하기 짝이 없었다. 얼마 지나지 않아 자신도 비슷한 반응을 보이게 되었고, 오히려 그의 농담에 짜증이 나더라. 겪어보니, 그 상사의 인격에 문제가 많았던 것이다.

　　내가 나름 괜찮은 유머를 구사하는데 왜 이렇게 분위기가 썰렁하지? 말솜씨에 문제가 있을 수도 있지만, 자신이 상대방에게 호감을 주지 못해서일 수도 있다. 그것을 알아차리지 못하고 계속 웃기려고 하면, 오히려 반감만 사게 된다. 마음속 깊이 그 사람에 대한

회복 탄력성, 안정감, 신뢰감, 자율성, 주도성, 근면성, 정체감, 친밀감, 생산성, 자아 통합감 등이 이에 해당한다.

불편함이 깔려 있는데 자꾸만 웃음을 강요하면 관계가 더욱 거북해진다. 유머 감각에 집착하지 말고, 자신이 다른 이들에게 호감과 매력을 주는가를 먼저 돌아봐야 한다. 유머는 우리가 삶을 대하는 태도에서 우러나오는 품성이고, 타인과 관계를 맺으면서 형성되는 사회적 지혜이기 때문이다.

6. 웃음의 교육학을 위하여

"요즘 아이들 웃음 코드는 남을 놀리는 거예요. 남을 깎아내리고 곤란해하는 모습을 보면서 웃는데, 그걸 그냥 내버려두는 선생님들도 많지요." 동화작가 김해원이 쓴 칼럼에서 전하는 어느 중학교 교사의 말이다. 그는 작가와 함께, 중학생들이 생활하면서 겪은 재미있는 이야기 공모전을 심사했다. 응모한 글들은 200편 정도였는데, 대부분 별로 웃기지 않았다고 한다.*

어린 시절부터 기계적인 학습 노동에 내몰리고 경쟁에 치여 사는 아이들에게는 함께 웃을 만한 일이 많지 않을 것이다. 아이들끼리 주고받는 비웃음을 방관하고만 있는 교사는 무력감을 느낀다. 그래서인지, 교사들은 웃음소리가 나는 수업이 무척 부럽다고 말한다. '교실 붕괴'라는 말이 나온 지 오래고 배움으로부터 도주하는 학생들이 점점 늘어나는 상황에서, 해맑은 웃음이 교실 안에 흐르기는 쉽지 않다. 교사가 유머를 구사하면서 즐겁게 수업을 이끄는 것

---

*   김해원, 「공감을 잃은 아이들」, 『경향신문』, 2018. 1. 3.

이 아니라 해도, 교사와 학생 또는 학생들끼리 서로 소통하면서 유쾌한 웃음이 터지는 장면 말이다.

웃음은 교육에서도 중요하게 다뤄져야 할 주제다. 교실이야말로 웃음이 만발해야 하는 공간이기 때문이다. 교육의 효과 측면에서도 유머는 중요하다. 재미만큼 강력한 학습 동기는 없다. 그런데 교육학에서 유머는 의외로 생소한 주제이고, 교사 연수에서도 유머와 관련한 강좌는 열리지 않는다. 자녀 교육 서적이나 학부모 교육에서도 거의 언급되지 않는다. 반면에 미국에서는 유머에 대한 연구가 일정한 흐름으로 이어져 왔다. 외국어 교육에서 유머의 효능, 교실에서의 사회적 거리와 유머, 대학 강의에서 유머의 활용 등 학습 효과를 제고하는 도구로서 유머를 다루는 논문과 책들이 다수 나와 있으며, 수업에서 유머를 구사하는 구체적인 방법과 매뉴얼도 제시된다.

그러나 앞 장에서 강조했듯이 유머가 생동하려면 무엇보다 관계 맺기가 중요하다. 아이들과 원만한 유대감을 형성하지 못하면 유머 기법이 아무리 훌륭하다고 해도 별반 도움이 되지 않는다. 마음의 여유도 중요하다. 행정 업무에 치이고 위계적인 조직 구조에 시달리는 교사가 수업을 즐겁게 진행하기 힘들거니와, 아이들과의 소통에서 웃음을 이끌어내기도 어렵다.

그런데 언제나 교사가 웃음을 유발하는 주역이 될 필요는 없다. 학생들 사이에 웃음이 오가도록 관계를 북돋으면 된다. 아이들이 새로운 경험으로 서로를 만날 수 있는 장場을 조성해주어야 한다. 예를 들어, 미국의 해럴드워커 초등학교에서는 아이들이 자신이 아는 유머나 실수한 경험담을 급우들에게 들려주고 재미난 행동을 선보이는 시간이 방과 후에 마련된다. 학생 대표 두 명이 먼저 심호흡, 스트레칭, 웃음 구호와 웃음 노래로 가볍게 몸을 풀게 하고, 그런 다음 돌아가며 저마다의 이야기를 스스럼없이 꺼내놓는다. 아이들은 웃음 수업을 통해 공부와 더 친해졌으며, 급우들과의 관계에서도 짜증과 다툼이 줄어들었다.*

아이들 사이에 새로운 만남이 이뤄지면서 웃음을 회복한 사례는 한국에도 있다. 경기 의정부 공업고등학교 양은엽 교사는 어느 중학교의 프로젝트에 참여한 경험을 전해준다. 주어진 과제는 유튜브에 있는 노래와 춤을 급우들끼리 똑같이 재현하여 동영상으로 제작하는 것이었다. 아이들은 과제를 수행하기 위해 아이디어를 모으고 역할을 나누는 과정을 거치면서, 그들 한 명 한 명이 모두 소중한 존재라는 것을 깨닫게 되었다고 한다. 공동체적인 성취감이 교실의 분위기를 바꾸었고, 왕따와 폭력 대신 우정과 존중이 자리 잡기 시작했다.

"우리 아이가 이렇게 많이 웃는 줄 몰랐어요." 아이들이 만든 동영상을 보면서 부모들이 하는 이야기다. 양은엽 교사는 이렇게 말한

---

* 장경수·이동규, 『웃음에 관한 특별 보고서』, 랜덤하우스코리아, 2006, 239~48쪽.

다. "함께 웃을 수 있는 친구가 있음을, 그리고 누구보다 그 한 명 한 명을 존중해야 함을 어른들이 느끼게 해주어야 한다. 세상은 삭막할지 모르지만, 교실 안에서 자라는 학생들은 행복하도록 보호받아야 한다. 이런 행동을 시키고 가르치는 것이 아니라, 학생들이 교실 안의 주인공이 되어 직접 느끼고 생활할 수 있도록 도와주어야 한다."*

교실에 웃음꽃이 피어나려면, 아이들 스스로가 그곳을 자신의 공간으로 느낄 수 있어야 한다. 일본에서 초등학교 교사로 재직하면서 웃음에 대한 연구를 하는 키타 시게오는 말한다. "교사의 유머가 기능하기 위해서는, 교사와 학급 집단, 또한 학급 집단 내에 바람직한 인간관계가 베이스가 된다. 구체적으로는 아이들 한 명 한 명의 개성(장점)이 집단에 인정되고, 집단에 대한 소속감을 갖고 있어야 한다."** 성장기에 있는 학생들의 경우, 부모나 교사보다 또래집단의 인정이 중요해지는 만큼 교실 안에서 '한 명 한 명의 개성이 집단에게 인정'되는 것은 무척 중요하다.

개성이 집단에게 인정되고 받아들여진다는 것은 무엇을 의미할까. 영어로 '개성'은 'character'(캐릭터)다. 인성, 품성, 인격이라는 의미도 담고 있다. 사회학자 리처드 세넷은 『신자유주의와 인간성의

* 양은엽, 「다 함께 웃을 수 있는 교실 만들기」, 『경향신문』, 2017. 11. 9.
** 橘田重男, 『ユーモアの感覺 - 教育と子育てにユーモアを』, ブイツーソリューション, 2008, 30쪽.

파괴』*라는 책에서 '캐릭터'를 '스스로 존중하고 다른 사람의 존중을 받고자 하는 개인적 특성에 관한 것'이라고 정의한다. 또한 '사람의 정서적 경험 가운데 주로 장기적인 측면과 관계되는 것, 상대방을 신실하고 헌신적으로 대하고, 장기적인 목표를 추구하는 것 등으로 표현되는 것'이기도 하다. 다시 말해 '캐릭터'는 나의 꾸준한 품성으로서, 타인과의 관계를 매개하며 삶을 이끌어가는 것이라고 풀이할 수 있다.

최근에 강조되는 인성 교육을 영어로 하면 'character education'이다. 인성 교육은 '마음의 바탕이나 사람의 됨됨이 등의 성품을 함양시키기 위한 교육'이라고 정의되는데, 그것은 고루한 도덕을 주입하거나 상투적인 정서 순화 프로그램을 실시한다고 되는 것이 아니다. 말 그대로 캐릭터, 즉 아이들 저마다의 개성이 존중되고 표출되는 한편, 그런 상대방을 기꺼이 승인하는 공동체가 형성되어야 한다. 그 점에서 유머는 인성 교육의 한 기둥이 된다. 안에서 우러나오는 그 사람 특유의 색깔, 진짜배기가 드러나고 수용되는 커뮤니케이션이 유머이기 때문이다.

교실 공동체는 학생과 교사가 함께 만들어간다. 아이들의 다양한 개성이 어우러지려면, 교사의 개성도 진솔하게 드러나야 한다. 서로의 존귀함을 발견할 때, 마음이 자라나는 생태계가 빚어진다. 이

---

* 리처드 세넷, 『신자유주의와 인간성의 파괴』, 조용 옮김, 문예출판사, 2002. 원제는 *The Corrosion of Character*이다.

제 인성 교육은 교사가 아이들을 대상으로 행하는 훈육이 아니라, 교사와 아이들이 함께 변화를 일으키는 상호작용으로 경험된다. 유머는 그 순환을 촉진한다. 함께 웃으면서 상대방을 알아가고 신뢰를 쌓아가는 교실, 그 공간에서는 어떤 소통이 이뤄질까. 다음의 시를 읽으면서 상상해본다.

"선생님은 무얼 먹고 그렇게 키가 커요?"

풋과일 같은 여자애들
또랑또랑한 눈망울로 올려다본다
시선은 집중되고 정적이 감돈다

"착한 마음"

말이 채 끝나기도 전
아이들 벌떼같이 소리 지른다

책상 탕탕 내려치는 놈
자다가 벌떡 깨는 놈
힐끗힐끗 눈 흘기는 놈
머리 싸매고 뒤집어지는 놈
우웩우웩 토악질 흉내 내는 놈
한심하다는 듯 쳐다보는 놈
교실 안은 삽시간에 아수라장이다

그래, 이놈들아

말도 안 되는 소린 줄
낸들 왜 모르겠냐만
그래도 우기고 싶구나
너희들 앞에서만큼은
착한 척이라도 하고 싶구나

―김수열, 「거짓말」*

"너희들 앞에서만큼은/착한 척이라도 하고 싶구나." 교사로서 아직 많은 것이 부족하다고 성찰하며 고백하는 겸손함, 그리고 아이들에게 좋은 교사로 인정받고 기억되고 싶은 간절함이 엿보인다. 그런데 그것을 직설적으로 표현하면 겸연쩍고 무거워진다. 이 시의 제목은 '거짓말'이다. 유머가 좋은 것은 거짓말을 통해 진심을 더욱 선명하고도 경쾌하게 드러내준다는 데 있다. 거짓말이 현실을 위장하는 허언虛言이 아니라, 새로운 현실에 대한 갈망이 되는 역설이 거기에 있지 않을까.

---

* 김수열, 「거짓말」, 『바람의 목례』, 애지, 2006, 70~71쪽.

5부
의미의 창조,
생각의 해방

아돌프 히틀러와 찰리 채플린은 동갑내기였고, 나비넥타이 모양의 콧수염을 하고 있었다. 미디어를 십분 활용하여 대중을 사로잡았다는 공통점도 있다. 하지만 방향은 정반대였다. 히틀러가 전쟁을 선동했다면, 채플린은 평화를 전파했다.

1. 누가 웃음을 두려워하는가

이성, 오성, 감성 그리고 정열, 다 좋아요. 그러나 명심하세요.
익살을 잊어서는 절대 안 됩니다.

—괴테, 『파우스트』에서

성석제 작가가 전하는 신병 훈련소의 에피소드 하나. 인원 점검을 위해 병사들을 일렬로 세워놓고 교관이 "번호!"를 외치면, 병사들은 차례대로 하나, 둘, 셋…… 하면서 각자의 번호를 말한다. 그런데 시골에서 농사만 짓다가 입대한 8번 신병은 "여덟"이라고 하지 않고 "야닯"이라고 외친다. 그러면 9번 신병은 "아홉" 대신 웃음을 터뜨린다. 교관은 그에게 다가와 지금 장난하느냐면서 정강이를 걷어차고, "다시 번호!"를 명한다. 그러나 똑같은 일이 되풀이되고 구타가 이어진다. 결국 중대원 전원이 연병장을 도는 얼차려를 받게 되고, 그럴수록 9번은 웃음을 참기가 더욱 어려워진다.*

군대에서 훈련 중에 웃는 것은 금기다. 계급이 낮을수록 바짝 긴

---

* 성석제, 『번쩍하는 황홀한 순간』, 문학동네, 2017, 9~12쪽.

장하여 굳은 얼굴로 생활한다. 전쟁을 위해 조직된 집단인 만큼, 기
강이 해이해지지 않도록 군기를 잡다 보니 경직된 분위기가 형성된
다. 명령에 철저하게 복종하면서 일사불란하게 움직이도록 길들이
기 위해서 적개심과 충성심, 전우애 등의 감정은 고양시키되 나머
지는 최대한 지워야 한다.

전체주의 체제도 군대처럼 웃음을 억누른다. 옛 소련에서는 유
머의 허용 범위를 최소한으로 좁혔고, 히틀러는 국민들이 자신과
정권을 희화화하지 않도록 통제했다. '농담 재판소'를 설치해서 감
시하고 처벌했는데, 예를 들어 사람들이 개나 말에게 '아돌프'라는
이름을 붙이는 것을 적발했다. 비밀경찰과 강제수용소를 설립한 헤
르만 괴링은 그런 식의 조크가 총통과 국가에 대한 반역 행위이고
나치의 세계관에 대한 부인이라고 규정했다. 파시즘은 독재자를 영
웅으로 떠받들고 그에 대한 공포심을 자아냄으로써 유지되는데, 유
머의 정신은 거기에 정면으로 배치된다.*

한국의 독재 정권에서도 모든 웃음을 억누르지는 않았지만(탈
정치화의 도구로 오히려 오락을 부추기고 축제를 이용하기도 했다), 대통
령에 대한 유머는 일절 금지되었다. 대통령과 얼굴이 쏙 빼닮았다
는 이유로 출연을 금지당해 생활고에 시달린 배우도 있었다. 작가
나 시사 만화가들은 검열의 칼날을 아슬아슬하게 피하면서 체제를

---

* John Morreall, *Taking Laughter Seriously*, State University of New York Press, 1983, p. 102.

비판하기 위해 절묘한 표현 방법들을 구사했다. 그런 정권에서는 최고 권력자 자신도 웃음을 거세당하는 듯하다. 독재자들의 얼굴을 보면 늘 위압적인 표정을 짓고 있다. 웃더라도 함께 즐기는 웃음이 아니라, 힘을 과시하는 우월의 웃음이다.

민주적으로 당선한 권력자도 그런 굴레에 갇힐 수 있는데, 도널드 트럼프 대통령이 그런 경우다. 그는 막말과 막무가내 의사 결정으로 미국은 물론 세계 곳곳에 파장을 일으켜왔다. 그에 대해 여러 가지 부정적 평가가 나오고, 그의 빈곤한 유머 감각도 지적된다. 오바마 전 대통령의 연설 비서관이었던 데이비드 리트가 그 주제로 『뉴욕 타임스』에 기고한 글을 보면, 그 요지는 이러하다.* 트럼프는 거의 웃지 않는다. 다만 비웃을 뿐이다. 자신을 지지하지 않는 사람들을 모욕하는 것에만 능하다. 그는 미국 역사상 가장 유머 감각이 없는 대통령이고, 그 대가를 미국은 톡톡히 치르고 있다. 트럼프는 정치에 유머의 힘을 활용하지 못하는데, 권력에 대한 탐욕에만 매달리기 때문이다.

지지 기반이 허약하면서 야욕에만 사로잡힌 권력자들은 표정이 경직되어 있다. 정당성이 빈약한 권위를 지키느라 늘 방어적이고 경계 태세에 있기 때문이다. 정치인이 아니더라도 사회적 지위가 높은 사람들이 근엄한 얼굴로만 행세하는 경우가 많다. 유교의 가부장제

---

* David Litt, "Is Nothing Funny, Mr. President?," *New York Times*, 2017. 9. 16.

와 서열 의식, 거기에 군부독재의 잔재와 맞물린 권위주의가 한국 사회 곳곳에 만연해 있다. 수직적 힘이 강하게 작동하는 일상에서 소통은 자연스러운 웃음을 배제한다.

웃음이 억압되는 또 하나의 영역은 종교다. 기독교를 보자. 복음서에 기록된 여러 행적으로 미루어 짐작컨대, 예수는 잘 웃는 사람이었을 것이다. 공생애의 첫 기적을 가나안 혼인 잔치에서 행한 것도 의미심장하다. 세리나 창녀 등 비천한 자들과 스스럼없이 어울리는 성격이라면 탁월한 유머리스트였을 가능성이 높다.* 예수가 천국을 여러 가지 비유를 들어 설명할 때나, 누군가가 왼뺨을 때리면 오른뺨을 내어주라고 가르칠 때, 그 화법은 사뭇 유머러스하다. 아마 청중들도 통쾌한 웃음으로 반응했을 가능성이 높다. 당시의 유대교 사제들의 권위주의와 바리새인의 허위의식을 꼬집는 발언은 카타르시스를 주면서 폭소를 자아내지 않았을까. 당나귀를 타고 예루살렘에 입성하는 장면은 그 자체로 코믹 퍼포먼스가 아니었을까.** 「가스펠」이라는 뮤지컬을 보면, 예수의 모습이 무척 호탕하고 유머러스하게 그려져 있다. 실제 모습도 그러했으리라.

그런데 예수의 삶과 가르침이 종교로 제도화되면서 웃음이 억

* 그런 관점에서 성서를 다시 읽어낸 작업으로 콘라드 하이어스의 『그리고 하나님이 웃음을 창조하셨다』(양인성 옮김, 아모르문디, 2005)가 있다. 저자는 '신성한 농담divine joke'이라는 개념으로 행간을 읽어내고 상황을 재구성해낸다.

** 1922년 영국에서 존 고트라는 신학자가 그렇게 해석한 적이 있다. 예수가 종교적으로 구축된 자기 이미지의 거품을 꺼뜨리기 위해 두 나귀에 걸터 선 서커스 광대처럼 입성했다는 것이다. 그는 이 때문에 신성모독으로 투옥되기도 했다.

압되었다. 390년, 어느 교회에서 위세 높은 한 신부는 다음과 같이 설교했다. "세상은 우리가 웃을 수 있는 극장이 아니다. 우리가 여기 모인 것은 웃음을 터뜨리기 위함이 아니라, 우리의 죄를 슬퍼하기 위해서다. 우리에게 놀 기회를 주는 자는 하나님이 아니라 마귀다."* 성직자들은 예나 지금이나 엄숙주의로 자신의 권력을 감싸려 한다. 움베르토 에코의 『장미의 이름』에서도 수도사들은 웃음을 두려워한다. 소리 내어 웃는 것은 인간을 타락시킨 악마의 몫일 뿐, 인간은 속죄를 위해서 비통한 심정으로 참회에 정진해야 한다는 고정관념이 웃음을 금기시했다. 실제로 중세의 수도원에서는 웃음이 엄격하게 금지되었고, 이를 위반하면 단식, 채찍질, 파문 등의 벌칙이 부과되었다.

영혼의 해방을 추구하는 종교에서 웃음이 배척되는 것은 아이러니하다. 성직자들이 정치인처럼 자신의 권력을 공고히 하고 지배력을 강화하는 과정에서 엄숙주의가 짙어졌을 가능성이 높다. 독재자와 마찬가지로 숭배심과 두려움을 조장함으로써 복종을 이끌어내다 보면 억압적인 분위기가 만들어진다. 더구나 종교는 죽음, 선악, 욕망, 구원, 해탈, 초월, 신비, 영생 등을 이야기한다. 이런 주제들을 교리적인 담론으로 풀어내고 신도들에게 주입하기에 웃음이 들어설 여지는 비좁아지기 쉽다.**

---

   *   Jimmy Carr & Lucy Greeves, *Only Joking*, p. 66에서 재인용.
  ** 불교에서는 웃음이 상대적으로 친숙하게 느껴진다. 붓다가 자기에게 화내는 사람에게

그렇다면 종교에 못지않게 삶의 근본적인 문제를 탐구하는 철학은 어떨까. 서양철학의 모태인 플라톤 사상은 '이데아'를 모색하는데, 그러한 지향은 웃음과는 거리가 있다. 플라톤이 구상한 이상 국가에서 시인은 거주권을 갖지 못한다. 실재하지 않는 것을 부풀려 묘사하면서 사람들의 감정을 자극하고 이성을 혼란스럽게 한다는 까닭에서다. 그와 마찬가지 이유로 익살이나 재담도 추방된다. 플라톤에게 웃음은 비웃음일 뿐이고, 타인의 불행을 즐거워하는 비도덕적 행위에 불과했다. 플라톤의 세계관은 왜 그렇게 형성되었을까? 만프레트 가이어는 『웃음의 철학』에서, 그가 어린 시절 예의 바르고 규칙적인 아이였기 때문에 과도한 웃음은 절제했을 것이라고 풀이한다. 그리고 스무 살 무렵 만난 스승 소크라테스와의 관계 역시 삶의 흥을 돋우는 것과는 거리가 멀었고, 소크라테스가 부당하게 죽으면서 아예 웃음을 잃었으리라고 추정한다.*

가이어는 '웃는 철학자'라고 알려진 데모크리토스를 플라톤과 대비시킨다. 데모크리토스에 따르면, 인간은 하나의 소우주로서 거대한 우주적 질서에 부합할 때 잘 살 수 있다. 그러한 균형과 조화에서 영혼의 유쾌함이 도출되고 '명랑한 태연함'이 이성적인 절제로부터 생겨난다면서, 바보들만이 삶의 기쁨을 누리지 못한다고 보았

웃음으로 대응했다는 이야기, 그가 영산회상에서 연꽃을 들어 보이자 8만 대중 중에 가섭만이 그 뜻을 알고 미소 지었다는 염화미소 등이 떠오른다. 그런데 모두 미소에 머물 뿐, 폭소를 터뜨리지는 않는다.
* 만프레트 가이어, 『웃음의 철학』, 이재성 옮김, 글항아리, 2018, 19쪽.

다. 그는 스스로를 세계시민으로 이해하고 언제든지 농담하며 웃을 준비가 되어 있는 열린 사람이었지만, 학파를 만들거나 정치에 참여하지 않았다. 만일 데모크리토스의 사상이 개별적인 인용문으로 흩어지지 않고 플라톤의 저작처럼 온전하게 보존되었다면, 서양 철학사에서 웃음이 확실하게 자리매김했을 수 있었을 것이라고 가이어는 주장한다.

반면에 플라톤의 제자 아리스토텔레스는 웃음에 대해 관용적이었다. 그는 그리스 희극의 기원을 밝히고 해학적인 레토릭을 의외성의 충격이라는 관점에서 분석하기도 했다. 그의 수사학을 계승한 로마의 웅변가 키케로는 연설가에게 기지가 얼마나 중요한지를 강조했다.* 그러나 이후 중세 유럽의 천년 동안 웃음에 대해 긍정적으로 조명하는 작업은 거의 이뤄지지 않았다. 웃음을 이교도적인 것으로 죄악시하는 기독교 사상이 세상을 지배하고 있었기 때문이다.

그 공백에 종지부를 찍은 것은 르네상스 운동으로 에라스무스, 라블레, 셰익스피어, 세르반테스 등의 작가들은 웃음의 세계를 적

---

* "웃게 만드는 일이 연설가(정치가)의 소임이다. 재미있다고 생각하는 사람의 호의를 이끌어내는 것이 바로 그것이기 때문이다. 혹은 사람들은 종종 특히 답변을 하는 사람이 내놓는 한 단어에 담긴 예리함에 감탄한다. 심지어 때때로 신랄하게 공격하는 사람의 한마디도 그렇다. 혹은 '웃음은' 적을 깨버리고, 적을 저지하며, 적을 가볍게 만들어버리고, 적을 두렵게 만들며, 적을 반박하기 때문이다. 혹은 '웃음은' 연설가(정치가)를 세련되고 교육을 잘 받았고 기지가 넘치는 사람으로 보여주기 때문이다. 특히 엄하고 씰렁한 분위기를 부드럽게 만들며, 종종 아주 곤란한 상황을, 이는 말만의 논리로는 쉽게 풀 수가 없는데, 이런 상황마저도 유머와 기지는 부드럽게 만들어주기 때문이다"(키케로, 『연설가에 대하여』, 전영우 옮김, 민지사, 2013, 제2권 236장).

극적으로 그려냈다. 이어서 근대 철학에서는 홉스, 칸트, 쇼펜하우어 등이 웃음에 대해 간단한 분석을 시도한 바 있고, 니체는 진리의 핵심적 본질로서 웃음을 자리매김했다. 그러나 서양 지성사 전체를 통틀어, 웃음은 주변적인 자리에 머물렀다고 봐야 한다. 그 점에서는 동양도 크게 다르지 않다. 학문과 교육에서 웃음은 진지하게 다뤄지지 않았고 지금도 크게 다르지 않다.

권력과 종교와 지식이 서로 맞물리면서 세계를 구성하고 지배해온 역사 속에서 웃음의 위상은 왜소했다. 문명이라는 것이 근본적으로 인간의 내밀한 충동을 길들이는 과정이라고 볼 때, 웃음이 불길한 에너지로 여겨진 것은 일견 당연하다. 재기발랄한 지성이 발현하고 통제 불가능한 기운이 번져나가는 것은 권세자에게 위협이 된다. 뒤집어 말하면, 웃음에는 혁명의 씨앗이 잠재되어 있다. 재미는 세상을 바꿔내는 위력이 될 수 있다.

혁명을 하려면 웃고 즐기며 하라
소름 끼치도록 심각하게는 하지 마라
너무 진지하게도 하지 마라
그저 재미로 하라

사람들을 미워하기 때문에는 혁명에 가담하지 마라
그저 원수들의 눈에 침이라도 한번 뱉기 위해서 하라

돈을 좇는 혁명은 하지 말고

돈을 깡그리 비웃는 혁명을 하라

획일을 추구하는 혁명은 하지 마라
혁명은 우리의 산술적 평균을 깨는 결단이어야 한다
사과 실린 수레를 뒤집고 사과가 어느 방향으로
굴러가는가를 보는 짓이란 얼마나 가소로운가?

노동자 계급을 위한 혁명도 하지 마라
우리 모두가 자력으로 괜찮은 귀족이 되는 그런 혁명을 하라
즐겁게 도망치는 당나귀들처럼 뒷발질이나 한번 하라

어쨌든 세계 노동자를 위한 혁명은 하지 마라
노동은 이제껏 우리가 너무 많이 해온 것이 아닌가?
우리 노동을 폐지하자, 우리 일하는 것에 종지부를 찍자!
일은 재미일 수 있다, 그리하여 사람들은 일을 즐길 수 있다
그러면 일은 노동이 아니다
우리 노동을 그렇게 하자! 우리 재미를 위한 혁명을 하자!

              —D. H. 로렌스, 「제대로 된 혁명」*

★   D. H. 로렌스, 「제대로 된 혁명」, 『제대로 된 혁명』, 류점석 옮김, 아우라, 2008, 266~67쪽.

2. 풍자, 저항과 전복의 미학

농담의 목적은 인간을 우스꽝스럽게 만드는 것이 아니라, 원래
우스꽝스러운 인간의 모습을 있는 그대로 보여주는 것이다.

— 조지 오웰

어떤 신사가 신문팔이 소년에게 다가와 묻는다. "신문 얼마
지?" 소년은 500원이라고 대답한다. 신사는 값을 지불하고 신문을
구입했는데, 1면 상단에 400원이라고 적힌 것을 발견한다. 그래서
다시 묻는다. "이봐, 여기에는 400원이라고 적혀 있는데, 왜 500원
을 받은 거야?" 이에 소년은 대답한다. "아저씨는 신문에 씌어 있는
걸 다 믿으세요?" 짧막한 이야기지만, 언론의 현실을 통쾌하게 비꼬
고 있다. 권력자나 그 조직에 대한 풍자는 유머의 중요한 장르다.

어린아이와 착한 정치인과 산타클로스가 함께 길을 걷다가 어떤
사람이 바닥에 쓰러져 있는 것을 보았다. 그 가운데 누가 다가가서
도움을 주었을까? 정답은 어린아이다. 왜? 나머지 둘은 이 세상에
존재하지 않으니까. 이런 식으로 정치인을 조롱하는 유머는 많다.

두 사람이 공동묘지를 지나가다가, 어느 비문에 이렇게 씌어 있

는 것을 보았다. '성실한 남자 그리고 정치가가 여기에 잠들다.' 한 친구가 말했다. "여기 좀 봐. 묘 하나에 두 사람이 묻혀 있네."

코미디언 이주일은 오래전에 국회위원으로 4년 임기를 마치면서 "코미디 공부 많이 하고 갑니다"라고 비꼰 적이 있다. 이런 이야기를 유통시키면서 유권자들은 속이 후련해진다.

당사자에게 직접 독설을 날리는 경우도 있다. 고약한 질문을 일삼는 영국의 어느 고위 공무원이 소설가이자 목사인 조너선 스위프트에게 질문했다. "악마와 목사 사이에 소송이 일어난다면 어느 쪽이 이길까요?" 스위프트는 주저하지 않고 대답했다. "당연히 악마가 이기지요." "의외네요. 이유가 뭐죠?" 그의 질문에 스위프트가 이렇게 말했다. "공무원들이 모두 악마 편이거든요." 골탕을 먹이려던 공무원이 거꾸로 한 방 먹은 셈이다. 뜻밖의 연결 고리를 찾아 허를 찌르면서 부당한 공격이나 악의적인 추궁에 맞서는 유머의 힘이 돋보인다.

권력이 모두 잘못된 것은 아니다. 정당성을 갖지 못하거나 과도하게 독점된 권력이 문제다. 부족사회에서는 특정한 사람에게 힘이 집중되는 것을 차단하기 위해 조롱을 활용하기도 했다. 남아프리카의 쿵족(부시맨족)은 어떤 사냥꾼이 커다란 동물을 잡아서 끌고 가면, 다른 이들은 그의 사냥감이 얼마나 보잘것없는지에 대해 비아냥거렸다. 우월 의식과 자만심에 빠지지 않도록 하기 위해서인데, 소규모 사회였기에 가능했던 방식이다.

문명이 발달함에 따라 권력은 점점 독점되고, 소수의 지배자들은 교묘한 방법으로 자신의 지위를 구축하고 이익을 취한다. 그런 부조리에 맞서는 한 가지 방식이 '풍자'다. 사회의 잘못된 현상이나 인간의 결점, 모순 등을 빗대어 비웃고 비판하는 것으로, 동서고금을 통해 문학이나 연극 등의 예술 분야에서 굵직한 장르로 이어져 오고 있다. 귀족이나 양반, 왕, 부자, 정치인, 성직자, 지식인 등이 주된 대상이 되고, 그들의 행적 이면에 감춰져 있는 그늘을 들춰낸다. 부정부패, 자가당착, 위선, 음탕함, 어리석음 등을 까발림으로써 사회적 관심을 환기시키고, 당사자들로 하여금 부끄러움을 느끼도록 하려는 것이다. 그 방식은 분노에 찬 규탄이 아니라 블랙 유머다. 그것은 웃음을 유발하면서도 그 밑바탕에는 인간 본성이나 사회에 대한 섬뜩하고 잔혹한 반어와 풍자 따위를 담고 있다. 특정 인물만이 아니라 사회의 구조 자체를 비꼬는 경우도 있다. 미국의 코미디언 조지 칼린George Carlin은 이렇게 말했다. "그것이 아메리칸 드림이라고 불리는 것은 그것을 믿으려면 잠들어야만 하기 때문이다." 능력주의의 토대 위에 세워진 아메리칸 드림 자체가 허상임을 고발하고 있다.

롤로 메이에 따르면 '익살이란, 주위의 객관적 세계에서 그래도 자기 자신이 하나의 주체자로서 새로운 평가를 할 수 있음을 보여주고 있는 것'이다. 풍자를 한다는 것은 일종의 저항이면서 동시에 자신의 존재 선언이다. 상대를 대상화함으로써 정신적으로 짓눌리지 않겠다는 메시지가 거기에 깔려 있다. 자기의 세계관이 확고할 때 풍자가 가능하다. 풍자에는 주로 비유가 사용되는데, 재미를 배가시키는 전략인 한편 권력자의 적발과 처벌을 교묘하게 피하는 술책일 때도 있다.

풍자는 지배에 대한 저항이지만, 피지배자들이 결집하는 효과도 생겨난다. 학창 시절, 선생님들에게 별명을 붙인 경험을 떠올려보자. 특히 학생들을 엄하게 다스린 학생부 주임이나 체육 교사 등이 그 대상으로, 악명 높은 교사에게 상징적 이미지를 붙이면서 그 위압으로부터 거리를 두는 한편, 그것을 공유하는 학생들 사이에 정서적인 유대가 형성된 것을 경험해보았으리라. 국가권력에 대항하는 시민들의 풍자도 마찬가지다. 2016년 촛불 광장에서도 권력자들을 희화화하는 기발한 표현들이 쏟아졌다. 힘을 겨루거나 자기를 과시하려는 욕망이 아니라, 새로운 세상을 향한 열망으로 모인 자리였기에 가능했던 일이다.

외국에도 통쾌한 사례들이 많다. 유럽에서 군사훈련이 실시되거나 무기를 사고파는 엑스포가 열리면, 반反군사주의 활동가들이 시위를 벌이고 거기에 종종 광대들이 등장한다. 시위대와 경찰 사이에 긴장이 고조될 때 그들은 우스꽝스러운 몸짓을 연출해 분위기를 바꿔버리는가 하면, 경찰에게 체포되어 끌려가면서도 멋진 연기를 펼쳐 시민들의 웃음보를 터뜨린다. 그뿐 아니라 경찰서에서 소지품 검사를 당할 때도, 장난감 뱀부터 색종이까지 수십 개나 되는 주머니 속에서 온갖 잡동사니가 쏟아져 나와 경찰을 열 받게 한다.*

세르비아에서 독재 권력에 저항하고 정치의 변화를 이끌어낸 대중운동 지도자 스르자 포포비치가 쓴 『독재자를 무너뜨리는 법』에는 보다 흥미로운 사례들이 소개되어 있다. 예를 들어, 매일 머리에 조화를 꽂는 밀로셰비치의 아내를 풍자하기 위해 머리에 조화를 꽂은 칠면조 수십 마리를 거리에 풀어놓는다. 그런가 하면 밀로셰비치의 얼굴이 그려진 드럼통을 번화가에 몰래 가져다놓고 사라지면 군중들이 하나둘씩 몰려들어 발길질을 하는데, 경찰은 그 행위만으로는 체포할 근거가 없어 드럼통을 순찰차로 끌고 가고 그것이 또 하나의 코미디가 된다.

폭력을 부추기지 않으면서 권력자들의 위신을 꺾는 아이디어는 그 외에도 많다. 『거리 민주주의』**라는 책은 여러 사례를 사진과 함께 소개하고 있다. 1988년 폴란드 정부의 부당한 권력에 저항하기 위해 시민들은 벽에 정치 슬로건을 적는 대신, 빨간 모자를 쓴 난쟁이 그림을 그렸다. 그리고 시위할 때마다 그와 비슷한 복장으로 거리에 나섰다. 2011년 튀니지의 재스민 혁명에 고무된 중국인들은 "함성이나 구호 없이 단순히 걷고 웃자"라는 구호를 투쟁 방침으로 정해 체제에 맞섰다.

이렇듯 기발한 아이디어를 사회운동에 도입하는 것을 스르자

---

*   「참고하시라 지구촌 집회 뉴우스」, 『한겨레21』, 2016. 12. 5.
**   스티브 크로셔, 『거리 민주주의』, 문혜림 옮김, 산지니, 2017.

포포비치는 '웃음 행동주의'라고 부른다. "뭔가 사소한 것, 적절한 것, 그러면서도 성공적일 수 있는 것, 그것 때문에 죽거나 심한 폭력을 당하지 않는 것부터 시작하는 것이 핵심"*이다. 권력에 맞선다는 것은 목숨까지 각오해야 할 만큼 비장한 용기를 요구한다. 하지만 시위를 즐거운 놀이로 변형시키면 일반 시민들도 안심하고 참여할 수 있게 된다. 작은 행동들이 하나둘씩 모여, 어느 순간 큰 물결로 파동 칠 수 있다. 웃음을 통해 시민들은 흔쾌히 단결하여 힘차게 저항할 수 있다.

그런데 풍자는 모욕감을 불러일으킨다. 권력자는 물론, 그를 지지하는 사람들도 모욕감을 느낀다. 그렇게 대상을 확대하려는 의도가 은근히 깔려 있을 때도 많다. 따라서 풍자의 방향과 대상이 정확해야 한다. 약자가 강자를 향해 구사되어야 한다. 만일 강자가 약자를 풍자의 대상으로 삼는다면? 이 책 4부 1장에서 언급한 인권 침해적인 개그처럼 폭력이 되고 만다.

종교에 대한 풍자도 신중해야 한다. 신성모독은 격렬한 갈등을 일으키기 때문이다. 프랑스의 풍자 주간지 『샤를리 에브도』가 2012년 이슬람교의 창시자 마호메트를 외설적으로 묘사한 그림을 실었을 때, 그렇지 않아도 유럽에 대한 열패감에 시달리고 있던 이슬람 극단주의자들을 자극했다. 그에 대한 보복으로 2015년 테러리스트들

---

* 스르자 포포비치, 『독재자를 무너뜨리는 법』, 박찬원 옮김, 문학동네, 2016, 34쪽.

이 신문사를 급습해 총기를 난사하여 20여 명의 사상자를 내는 비극적 결과를 초래하기도 했다.

'풍자諷刺'에서 '자刺'자는 '비난하다' '꾸짖다'라는 의미를 담고 있지만, '자객刺客'이라는 단어에서처럼 '찌르다' '칼로 베다'라는 뜻도 들어 있다. 풍자는 그만큼 위험한 무기다. '촌철살인寸鐵殺人'이라는 표현이 있듯이, 작고 뾰족한 쇠붙이 하나로 사람을 죽이는 치명적인 결과를 낳을 수 있다. 대상을 신중하게 분별하고, 무엇 때문에 풍자를 하는지 그 동기와 목적을 따져봐야 한다.

시인 김수영은 어느 시에서 "풍자가 아니면 해탈이다"라고 쓴 바 있다. 무슨 뜻일까. 서울대 철학과 김상환 교수는 이렇게 풀이한다. "풍자는 현실에 대하여 공격적인 동시에 교정과 개선을 요구한다. 동시대의 결함과 폐단을 질책한다는 점에서 풍자는 부정적이고 질서 파괴적이지만, 보다 나은 현실을 지향한다는 점에서 긍정적이고 질서 창조적이다. 풍자는 현실 이탈적인 동시에 현실 복귀적이고, 질책인 동시에 사랑이다. 해탈이 죽음의 기술이라면, 풍자는 사랑의 기술이다. 그것은 새롭게 정립될 현실을 긍정하는 '다시'의 의지이다. 풍자는 시간의 의지이자 역사의 의지이다."*

풍자는 지배 세력의 민낯을 드러내는 화법이다. 그런데 자칫 단순한 깐족거림이나 냉소 또는 억눌린 감정의 해소에 그칠 수도 있

* 김상환, 『풍자와 해탈 혹은 사랑과 죽음』, 민음사, 2000, 51~52쪽.

다. 그 경우 변혁의 에너지는 배설로 변질되어 기존 체제는 오히려 공고해지기 쉽다. 과거에 귀족이나 양반들이 자신들을 희롱하는 이벤트를 적절한 수준에 허용했던 까닭이다. 풍자의 궁극적인 목적을 놓치지 말아야 한다. 핵심은 조롱이나 공격 자체가 아니라, 새로운 현실에 대한 열망이다.

3. 우리는 모두 바보!

농담은 아무도 여러분이 생각하는 걸 바라지 않고, 여러분에게 훌륭한 답을 기대하지도 않는다는 사실을 알려줍니다. 여러분은 드디어 똑똑하게 행동하기를 요구하지 않는 누군가를 만났다는 안도감에 기뻐서 웃습니다.

—커트 보니것, 『그래, 이 맛에 사는 거지』에서*

    어느 고등학교의 야간 자율학습 시간에 있었던 일이다. 학생들이 제대로 공부를 하는지 교장 선생님이 순시하고 있었다. 그런데 한 학급이 유난히 시끄러웠다. 교장 선생님은 교실 뒷문을 열고 버럭 호통을 쳤다. 학생들은 곧바로 조용해졌다. 그런데 3초쯤 지났을까. 앞문이 열리더니 교장 선생님이 고개를 내밀었다. 그러면서 하시는 말씀, "음, 이 반은 조용하군." 교실은 순간 웃음바다로……

    교장의 근엄한 권위가 사소한 착각 하나로 인해 잠시 흔들릴 때 그 혼란이 유쾌하게 체감된 사례다. 누군가가 무심코 저지른 실수

---

  *   커트 보니것, 『그래, 이 맛에 사는 거지』, 김용욱 옮김, 문학동네, 2017, 27쪽.

나 오류는, 그것이 중대한 결과를 빚거나 해를 끼치는 것이 아니라면 웃음을 선사한다. 착오를 일으킨 사람이 권위자라거나 연장자라면 더 큰 웃음이 터진다. 일종의 인지부조화가 작동하는 것이다. 유머의 한 가지 핵심 요소는 바보스러움이다. 이 책 2부에서 살펴본 우월 이론과 연관되는 개념이다.

그런데 바보스러움을 소재로 한 유머는 다른 사람을 대상화하는 것에 머물지 않는다. 자신의 어수룩함이 타인에게서도 나타난다는 것을 확인하면서 위로를 받는 것도 유머의 중요한 가치다. 알랭 드 보통에 따르면, 다른 사람들과 끊임없이 비교당하는 현대인들은 자신의 존재 가치가 하락하지 않을까, 자칫 허점이 노출되어 업신여김을 당하지 않을까 노심초사하는 '지위 불안'에 시달린다. 그 만성적인 불안을 경감시키는 한 가지 회로가 유머일 수 있다. 알랭 드 보통의 말을 들어보자.

> 유머는 높은 지위에 있는 다른 사람들을 공격하는 데 유용한 도구일 뿐 아니라 우리 자신의 지위에 대한 불안을 이해하고 조절하는 데도 도움을 준다.
> 만화가들은 우리가 일상생활에서 마주치면 당황하거나 창피해할 수 있는 상황이나 감정에서 웃음을 끌어낸다. 그들은 환한 대낮에는 차마 살펴볼 수 없는 약한 부분을 짚어낸다. 또 우리가 혼자만 알고 있다고 생각하는 아주 어색한 측면들을 드러낸다. 걱정이 은밀하고 강렬할수록 웃음의 가능성도 커지며, 이때 웃음은 말로 표현할 수 없는 것을 꼬챙이에 꿰어내는

솜씨에 바치는 찬사가 된다.

따라서 많은 유머가 지위에 대한 불안에 이름을 붙이고, 그럼으로써 억제하려는 시도라는 것도 놀랄 일은 아니다. 우리는 그런 유머를 보고 들으면서 세상에는 나만큼이나 질투심 많고 사회적으로 허약한 사람들이 많다는 것을 확인하고, 나처럼 돈 문제 때문에 고민하며 잠을 이루지 못하는 사람들이 많다는 사실을 확인하고, 나처럼 멀쩡한 표정을 짓지만 속으로는 약간 맛이 간 상태인 사람들이 많다는 사실을 확인하고 안심한다. 또 나처럼 고통받는 이웃들에게 손을 내밀고 싶은 마음도 생긴다.*

인간에게 불안은 숙명이다. 개인주의가 실현되고 많은 것이 자유로워진 현대사회에서, 불안은 더욱 깊고 두텁게 실존을 에워싼다. 그것을 없애는 것은 불가능하고 꼭 없앨 필요도 없다. 적당한 불안은 인간을 깨어 있게 하며 문명의 원동력이 될 수도 있다. 진화심리학의 관점에서 볼 때 두려움, 분노, 외로움, 질투심 등 부정적 감정들은 모두 생존에 필요한 것이고, 불안도 마찬가지다. 문제는 그것이 지나쳐 영혼이 잠식당하고 삶이 위축되는 것이다. 어떻게 하면 불안의 망령에 지배당하지 않을 수 있을까.

알랭 드 보통에 따르면, 거기에 '이름을 붙이고 그럼으로써 억제'하는 것이 가능해진다. 고백이나 글쓰기를 통해 사태를 객관화할 수

* 알랭 드 보통, 『불안』, 정영목 옮김, 은행나무, 2011, 216~17쪽.

있고, 유머도 효과적인 방편이 될 수 있다. 불안의 원인 가운데 하나인 자신의 결핍을 오히려 재미와 웃음의 재료로 삼는 것이다. 머저리 짓 하는 자신이 친숙한 만화의 주인공으로 변신하여, 멍투성이의 삶을 있는 그대로 바라보면서 우리는 불안을 관조할 수 있다. 그리고 다른 사람들에게서 얼룩이 발견될 때, 손가락질하는 대신 친근함 내지 연민으로 어루만져줄 수 있다. 결국 자기 자신을 웃음거리로 만들고, '나'와 '너' 사이의 긴장을 '우리'의 너그러움으로 변환시키는 것이다.

큰 틀에서 보면, 놀이와 축제의 상당 부분이 그러한 해방을 잉태한다. 어릿광대*의 몸짓 앞에서 사람들은 어린아이의 마음이 된다. 마이미스트 조성진과의 인터뷰에서 나눈 이야기를 들어보자.

> 어릿광대는 스스로를 바보로 만들면서 모두에게 여백을 주는 존재입니다. '인간은 누구나 바보'라는 메시지를 선포하는 것인데, 어릿광대는 이미 자신의 정체를 드러냈기에 가장 당당할 수 있어요. 자신의 바보 됨을 인정하지 않고 똑똑한 체해야 하는 사람은 그 모습이 불편하겠지만요, 그것을 긍정하는 사람은 자신의 모자람을 용서할 수 있게 됩니다. 전통 춤의 독특한 세계를 개척하신 고 공옥진 여사의 병신춤도 마찬가지입니다. 장애인을 희롱한다는 비판도 있었지만, 그것은 본질을 놓

---

*   어릿광대라고 하면 서구권에서 두 가지 단어로 번역되는데, '피에로pierrot'와 '클라운 clown'이다. 피에로는 프랑스에서 만들어진 이미지로서 뭔가 슬픔이 깃들어 그늘이 엿보이고 연극적인 속성이 짙은 반면, 클라운은 영미권에서 만들어진 캐릭터로서 장난기가 많고 놀이적인 엔터테이너의 특성이 강하다.

친 것입니다. 그 춤이 풍자하는 대상은 모든 인간이에요. 당신은 멀쩡하냐? 이렇게 뒤뚱거리고 비틀리는 못난이처럼, 당신의 삶도 처연한 것 아니겠는가? 하고 질문하는 것입니다.

근대 산업사회로 넘어오면서 삶의 모든 영역이 생산 중심으로 재편되고 효율성이 가장 중요한 평가 기준이 되었다. 성실한 태도와 빠릿빠릿한 동작을 필요로 하는 대량생산 체제에서 굼뜨고 어리바리한 사람들은 가장자리로 밀려났다. 그러나 외형적인 성장 일변도로 치달아온 질주가 한계에 이른 지금, 사람들은 그동안 억누르거나 외면해온 마음의 소리에 귀를 기울이기 시작했다. 엉성하고 흠투성이인 모습을 자신의 엄연한 일면으로 받아들이고 싶은 마음이 일어나고 있다. "자기가 똑똑하다고 하는 자는 더할 나위 없는 바보다."(볼테르) "바보임을 알고 있는 바보는 이미 바보가 아니다."(도스토옙스키)

자신의 모자람을 받아들이는 것은 살아가면서 종종 겪게 되는 모욕에 대처하는 데도 도움이 된다. 예를 들어 누군가가 나의 약점을 비난했을 때, 이렇게 맞받아칠 수 있다. "맞아요. 그런데 까놓고 말하자면, 나의 이런 허점은 개인적인 단점 가운데 상위 5위 안에도 안 드는 것이랍니다." 어느 프랑스 희곡에서 누군가가 주인공에게 코가 너무 크다고 말하자, 그는 이렇게 대답한다. "그게 전부요?" 그리고 당황한 상대방에게 자신의 코에 대해 그가 지적한 것보다 훨씬 더 험악한 모욕을 줄줄이 읊는다.*

이는 개인적인 차원에서만 요구되는 작업이 아니다. 바보스러움을 인간의 자연스러운 바탕으로 인정하면서 서로를 수용하는 문화가 빚어져야 한다. 해학과 골계를 통해 일상의 흥겨움을 가꿔온 문화 전승은 오늘날 여러 삶의 자리에서 재생될 수 있다. 여럿이 모여 까르르 폭소를 터뜨릴 때, 머릿속이 텅 비면서 잠시 에고에서 풀려나게 된다. 못난 나를 용서하고 자신을 있는 그대로 긍정하는 익살의 힘이 생동한다. 체코의 정치인이자 작가인 바츨라프 하벨은 이렇게 말했다. "자기 자신에 대해 지나치게 진지한 사람은 스스로를 웃음거리로 만든다. 자기 자신에 대해 웃을 수 있는 사람은 결코 스스로를 웃음거리로 만드는 법이 없다."

유머 감각을 키우는 습관 가운데 하나로, 바보스러운 사진을 찍어 매일 틈틈이 보는 방법이 있다. 휴대전화나 컴퓨터 바탕 화면에 깔아놓아도 좋겠다. 좀 부족하면 어때? 자신의 어리바리함을 너그럽게 용납하는 마음이 자라날 것이다. 그 시선으로 타인의 어리석음과 자가당착을 물끄러미 바라볼 수 있다. 어수룩함이 빚어내는 여백[虛], 허술함에서 오는 유연성이 생겨난다.

★　　윌리엄 어빈, 『알게 모르게, 모욕감』, 홍선영 옮김, 마디, 2014, 235쪽.

4. 슬픔과 고통에 짓눌리지 않으려면

> 판소리를 들으면서 우리가 감동하는 것이 무엇입니까. 임방울
> 이 창하는 것을 보면 슬픈 부분에서 껄껄 웃으면서 넘어가요.
> 눈물과 웃음이 하나로 어우러질 수 있는 미적 쾌감이 전달된
> 다면, 그것이 대중들에게 속뜻 깊게 느껴진다면 그것이 곧 깨
> 달음이 아닌가 생각하는 것입니다. 역설이라는 것은 옛날에는
> 석가모니나 예수만이 사용했습니다. 진흙 속의 연꽃, 비둘기
> 와 뱀, 전부 역설입니다. 오늘날 우리는 역설을 생활화하지 않
> 으면 살지 못하게 되어 있습니다.
>
> ─김지하, 1999년 명지대 강연 「흰 그늘의 길」에서

아우슈비츠의 처절한 경험을 기록한 정신의학자 빅토르 프랑
클에 따르면, 죽음의 벼랑 끝에서 살아가는 강제수용소에도 예술이
있었다. 나무 벤치로 만들어진 임시 무대에서 종종 공연이 펼쳐지
고, 노래와 시와 풍자 등이 흘러나왔다. 그 시간만큼은 고통을 잊을
수 있었기에 수감자들이 모여들었다. 익살도 간간히 오갔는데, 프
랑클 박사는 공사장에서 함께 일하던 동료 수감자에게 유머 감각을
훈련시킨 경험을 소개한다. 훗날 석방되어 사회에 복귀했다고 가정

하고, 그때 벌어질 법한 우스꽝스러운 상황을 하루에 한 가지씩 떠올려서 서로 이야기해주는 방식이었다. 이미 자유의 몸이 되었는데도 감금되어 있을 때처럼 조건반사적으로 반응하는 모습들을 상상하여 들려주면서 폭소를 터뜨린다. 프랑클 박사에 따르면, 그렇듯 한계상황에서 나누는 유머는 자기 보존을 위한 정신적 무기로서, 현실에 거리를 두고 내려다볼 수 있는 힘을 준다.*

극심한 고통이나 슬픔 또는 두려움을 기쁨의 에너지로 극복하는 문화적 장치는 역사 속에서 다양하게 나타났다. 오래전 미국에서는 노예보다 노예 소유주들의 자살률이 더 높았다. 노예들은 블루스나 재즈를 연주하고 노동요를 부르거나 춤을 추면서 괴로움을 해소할 수 있었던 데 비해, 노예 소유주들에게는 그런 문화가 없었기 때문이다. 1835년에 이미 집단농장에 브라스 밴드가 존재했으며, 1840년대에는 유랑 악단이 활동하고 있었다. 흑인들에 의해 유입된 아프리카 음악은 20세기 미국 대중문화의 토대가 될 만큼 보편적인 호소력을 가졌다.

그 음악은 흑인들의 장례식에서도 연주되었다. 지금도 해마다 열리는 뉴올리언스의 재즈 축제에서 당시의 의례를 재현하는데, 신나는 템포의 곡들이 관악기를 통해 울려 나오고 조문객들은 그에 맞춰 춤을 추며 행렬을 이룬다. 사람이 죽었는데 웬 잔치? 노예들

* 빅토르 프랑클,『삶의 의미를 찾아서』, 이희재 옮김, 아이서브, 1998, 81~85쪽(『죽음의 수용소에서』라는 제목으로도 번역되었다).

에게 죽음은 끔찍한 생애의 질곡을 벗어나는 것을 의미했기에 그 해방된 영혼을 축하하는 것이었다.

웃음이 만발하는 장례식은 먼 나라 이야기만이 아니다. 한국에 도 초상집에서 사물 음악에 맞춰 노래와 춤, 재담으로 가무극歌舞劇 을 벌이는 문화가 있었다. 망자의 명복을 기원하고 유가족에게 웃 음을 선사하며 위로를 주는 놀이에는 삶과 죽음을 하나로 바라보는 관점이 깔려 있다. 그런 전통은 지금 전라남도 진도 지방에 '다시래 기'로 남아 있다. '다시래기'는 여럿이 모여 즐거움을 누린다는 뜻의 '다시락多侍樂'에서 변형된 말이라고도 하고, '다시 낳다' '다시 생성 하다'라는 뜻을 담은 순우리말이라는 풀이도 있다.

슬픔을 즐거움으로 맞아들이는 문화는 여러 가지 형태로 명맥 이 이어져온 듯하다. 『이코노미스트』의 한국 특파원으로 일한 다니 엘 튜더가 한국 사회를 관찰하고 분석한 『기적을 이룬 나라 기쁨을 잃은 나라』에 이런 대목이 있다.

> 슬픔에 대한 한국인의 접근법은 역설적인 환희와 웃음을 제공 한다. 한은 '어금니 꽉 깨물고' 각오를 단단히 다지게 만드는 것이 아니라 차라리 정반대의 반응을 불러일으키는 것이다. 제2차 세계대전 당시의 유명한 일화가 있다. 일본 홋카이도로 강제 노역을 떠나는 조선인 남성들이 플랫폼에서 기차를 기다 리는 동안 열심히 제기를 차며 웃고 놀았다. 사형에 처해질 수 도 있는 행위라는 것을 알면서도 말이다. 감시하던 일본 군인

들은 예상치 못한 한국인들의 이러한 행동에 큰 충격을 받았다.*

프로이트가 제창한 개념으로 방어기제가 있다. 스트레스나 불안이 엄습하거나 수치심과 죄책감에 사로잡히고 자아가 붕괴되는 듯한 좌절감에 노출될 때 자신을 보호하기 위한 방법을 이른다. 이성적으로 마음을 통제하기 어려운 상황에서 무의식적으로 채택하는 사고 및 행동 수단이다. 많은 경우, 실제적인 욕망을 다른 것으로 대체하는 자기기만이 일어나고 억압, 반동형성, 투사, 퇴행, 부정, 합리화, 승화 등 여러 스펙트럼으로 나타난다.

정신과 전문의 조지 베일런트는 하버드 대학 졸업생 등 800여 명의 삶을 70년 동안 추적하여 인간의 행복을 연구한 책『행복의 조건』을 펴냈는데, 거기에서도 방어기제가 중요하게 다뤄진다. 그는 방어기제를 '스스로 인정하는가 부정하는가에 따라 자신의 실제 삶을 얼마든지 가공하고 왜곡할 수 있는 무의식적 생각과 행동'이라고 정의하면서, 미성숙한 것과 성숙한 것으로 대비시킨다. 미성숙한 방어기제는 투사, 수동적 공격성, 해리解離, 행동화acting out(벌컥 분노를 터뜨리는 것), 환상, 자기도취, 사디즘, 마조히즘, 편견, 흠잡기, 범죄, 아동 학대, 과음, 무관심 등으로 사태의 본질을 외면하

---

* 다니엘 튜더, 『기적을 이룬 나라 기쁨을 잃은 나라』, 노정태 옮김, 문학동네, 2013, 192쪽.

고 도피하는 방식을 취한다. 그에 비해 성숙한 방어기제는 '소소하게 불쾌한 상황에 부딪히더라도 심각한 상황으로 몰아가지 않고 긍정적으로 전환할 수 있는 능력'*인데, 그는 승화, 유머, 이타주의, 억제를 꼽는다.

유머가 성숙한 방어기제가 되는 까닭은 무엇일까. 유머가 고통스러운 상황을 관조하면서 자기를 지키는 생존 수단이라는 빅토르 프랑클의 해석이 여기에 연결될 것이다. 핵심은 허황된 욕망이나 판타지로 현상을 덮어씌우면서 본질을 외면하지 않는다는 점, 마음의 습관이나 사회 통념의 포로가 되지 않고 새로운 관점을 획득한다는 점이다. 실패했거나 난관에 처했을 때 사태를 직시하면서도 평정심을 유지할 수 있어야 한다. 그 두 가지 태도를 양립시키기가 무척 어렵다. 상황을 정직하게 인식하면 죄책감과 자기 비하에 빠지기 쉽고, 애꿎은 자존심을 지키려고 하면 억지 논리로 자신의 행위를 합리화하면서 진실을 회피하게 되기 때문이다. 유머는 현실을 담백하고 경쾌하게 수용함으로써(억지로 유쾌한 척하는 '해리' 증상과 전혀 다른 것), '심각한 상황으로 몰아가지 않고 긍정적으로 전환할 수' 있도록 마음의 길을 열어준다.

비극적 사건을 희극적으로 변용시키는 작업은 예술에서 많이 이뤄져왔다. 누구나 살아가면서 크고 작은 고통을 겪게 되는데, 그것

★   조지 베일런트, 『행복의 조건』, 김한영 옮김, 흐름출판, 2011, 290쪽.

이 너무 깊거나 오래 지속될 때는 응어리가 되어 무의식에 침전된다(카를 융이 말하는 '그림자'와 일맥상통한다). 자아로 통합되지 못한 마음의 조각들이 타인과 세상에 대한 적개심으로 불쑥불쑥 튀어나온다. 그런데 그 부정적 에너지는 창조의 원천이 될 수 있다. 예술이 바로 그러한 계기를 마련해주며, 실제로 많은 예술가들이 자신의 참혹한 체험을 심미적으로 형상화했다.

김지하 시인은 그런 역설을 '흰 그늘의 미학'으로 풀어냈다. '흰 그늘'이란 고통을 삭이면서 지극한 경지에 이르러 어둠의 중력과 밝은 초월성이 하나로 어우러지는 결정체를 뜻한다. 혼돈과 질서가 역동적인 균형을 이루면서 새로운 존재를 생성하는 것이다. 민요, 탈춤, 시나위, 풍물, 굿, 춤사위, 판소리 등 한국의 전통문화가 그런 역설을 담아내고 있다고 시인은 말한다. 이 글 앞부분에 인용한 강연에서도 '슬픈 부분에서 껄껄 웃으면서 넘어가'는 판소리가 '눈물과 웃음이 하나로 어우러질 수 있는 미적 쾌감'을 선사한다고 풀이한다. 슬픔을 웃음으로 승화시키는 힘은 민중 문화의 생명이었다.

한국의 전통문화는 20세기에 접어들어 급격하게 해체되기 시작했다. 식민 지배 속에서 민족의 정체성이 부정되고, 그 무렵 유입되기 시작한 서구 문명의 충격 속에서 옛것은 후진 것으로 여겨지게 되었다. 그런 흐름은 1950년대에 들어 가속되는데, 전쟁으로 기존의 모든 것이 붕괴되고 과거는 완전히 폐기되어버린 것이다. 그 속에서 사람들은 허공에 붕 뜬 것 같은 불안과 함께, 백지 위에서 새로운 것을 시도할 수 있을 듯한 기대를 품게 되었다. 미국식 민주주의가 도입되고 소비문화가 확산되는 가운데, 전통의 구속에서 홀가분해진 사람들이 개인의 실존에 대해 고민하면서 자아를 추구하는 분위기가 형성되었다. 그리고 지성과 문화의 공백 속에서 철학·문학·음악 등 여러 분야에 걸쳐 쏟아져 들어온 온갖 외래 사조들이 뒤범벅을 이루었다. 거기에 부응하여 국내에서 새로운 실험들이 이뤄지면서, 1950년대는 엄청나게 다양한 트렌드가 우후죽순처럼 등장했다.

바로 그 시기에 한국 영화도 융성하기 시작하고, 처음으로 코미디 장르의 막이 열렸다. 「청춘 쌍곡선」「서울의 휴일」「시집가는 날」「여사장」 등이 대표작으로 꼽힌다.* 1950년대 한국 영화를 연구해온 오영숙 교수에 따르면, 그 무렵의 코미디가 즐겨 재현한 것은 삶의 현장에서 벌어지는 일들이었다. 자유연애와 결혼을 둘러싸고 남녀 및 가족들이 겪는 우여곡절, 일상 곳곳에서 일어나는 크고 작은 일탈과 위반 등 사적 영역에서 벌어지는 일들을 소재로 하여 빈부 차, 세대 차, 젠더 갈등, 신구 관습의 충돌과 같은 사회문화적인 모순을 드러냈다. 관객들은 그러한 인간 군상들을 통해 불안과 희망을 함께 지니고 살아가는 자신의 모습을 비춰볼 수 있었다.

* 유튜브에서 찾아볼 수 있으며, 당시 사회적 분위기와 일상의 풍경을 두루 살펴볼 수 있다.

이러한 풍속 코미디에 등장하는 인물들은 생활 주변에서 얼마든지 발견할 수 있는 평범한 인간들이다. 평범한 만큼 현실적이고 또 다양하다. 사업가와 같은 상류층에서 가장 하층계급인 길거리의 소매치기와 도둑에 이르기까지 다양한 계급이 한데 어울려 플롯을 풍성하게 해주고 있다. 〔……〕 일상생활을 해나가는 과정에서 흔히 부딪치는 일들이 잡스러울 정도로 두서없이 펼쳐지고, 그 속에서 인습과 유행이 교차하고 물정과 인심이 뒤엉킨 풍속이 관찰된다. 〔……〕 50년대 코미디의 힘은 바로 이러한 일상적 풍속의 잡스러움, 삶의 잡스러움을 끌어들인다는 점에서 나온다. 삶의 잡스러움을 용납하는 것은, 바꿔 말하면 윤리적인 범주나 개념으로 쉽사리 환원되지 않는 특수한 경험들의 뒤섞임 속에서 인간 현실을 발견하는 일이다.*

아직 텔레비전이 없었기에 영화의 힘은 막강했다. 그리고 군사정권이 들어서기 전이었던 만큼 소재나 풍자의 범위에서도 까다로운 검열을 받지 않았다. 그런 상황에서 막이 올라 꽃을 피운 1950년대 코미디 영화는 대중문화의 초석이 되었다. 그 유산 가운데 하나가 자기 자신에 대한 풍자다. 1940년대에 씌어진 시나리오『맹진사댁 경사』를 바탕으로 제작된 영화「시집가는 날」(1956)에서 주인공은 허영심과 탐욕을 좇다가 자가당착에 빠지는데, 그것은 맹진사에 대한 도덕적인 질타라기보다 당대 대중들의 욕망을 묘사한 것이라

* 오영숙, 『1950년대, 한국 영화와 문화 담론』, 소명출판, 2007, 205쪽.

고 오영숙 교수는 해석한다. 직접 비난하고 공격하면 자신의 존재 근거가 흔들리므로, 간접적으로 풍자하면서 나를 비판하는 유머라는 것이다.*

그러나 맹진사댁 정도의 부와 지위를 가진 이들은 당시 대중들에게 너무나 거리가 먼 삶이었다. 전쟁의 상흔이 고스란히 남아 있고 변변한 산업이 형성되지 않아 실업자가 거리에 넘쳐나던 시절이었다. 1961년에 나온 영화 「오발탄」에 묘사되는 암울함과 절망, 김원일의 자전적 소설 『마당 깊은 집』의 전쟁 직후 피란민들이 힘겹게 살아가는 풍경이 당시의 현실을 말해준다. 코미디 영화는 그런 애옥살이의 시름을 잠시 내려놓고 다소 낯선 세계를 즐기도록 해주는 매체였는지 모른다. 그러면서도 세상과 자기에 대한 연민이 묻어난다.

1950년대의 고단한 삶을 절절하게 묘사하면서도 해학을 잃지 않는 작품으로, 황순원의 자전적 단편소설 「곡예사」가 있다. 작가의 가족 여섯 명은 전쟁 당시 피란민으로 대구와 부산의 여러 집들을 떠돌면서 옹색한 살림을 이어간다. 집주인들은 전쟁과는 무관하게 사는 듯 안락할 뿐 아니라, 세 들어 사는 작가와 그 가족에게 극심한 모멸감을 준다. 빨래나 화장실을 사용하는 데 너무 까다로운 제약을 두고, 처제의 인맥으로 가까스로 방을 얻었는데 도움을 준

* 같은 책, 227쪽.

사람이 다른 기관으로 자리를 옮기자 그날 바로 방을 비워달라고 하고, 중학생인 주인집 딸이 느닷없이 그 방에 와서 자야겠으니 나가라고 하고…… 옮겨 다니는 집들마다 갑질을 당하니 치욕과 설움이 밀려든다. 급기야 어느 날 가족이 몇몇 집으로 흩어져 살기로 하고 길을 나선다. 그런데 아이들은 절박한 상황에도 아랑곳하지 않고 걸어가면서 노래하고 춤추며 신명을 낸다. 그 광경을 바라보며 작가는 이렇게 독백한다.

> 그러나 이 아빠토끼는 깡충깡충 산고개를 넘어가 토실밤을 주워오기는커녕 이렇게 어두운 개천둑에서 요맛 무게 요맛 움직임 밑에서도 비틀거리며 재주를 부리고 있는 것이다.
> 그러다가 문득 나는 곡예사라는 말을 떠올렸다. 오라, 지금 나는 진아를 어깨에 올려놓고 곡예를 하고 있는 것이다. 그러고 보면 진아도 내 어깨 위에서 곡예를 하고 있고, 선아는 나비의 곡예를 했다. 남아는 자전거 곡예를 했다. 이 남아가 이제 몇 센트의 군표를 위해 그 꼬마와 같은 지랄을 해야 하는 것도 일종의 슬픈 곡예인 것이다. [……] 피에로 동아가 쏘렌토를 부른다. 그래 마음대로들 너희의 재주를 피워보아라. 나는 너희가 이후에 오늘의 이 곡예를 돌이켜보고, 슬퍼해할는지 웃음으로 돌려버릴는지 어쩔는지 그건 모른다. 따라서 너희도 이날의 너희 엄마 아빠가 너희들의 곡예를 보고 웃었는지 울었는지 어쨌는지를 몰라도 좋은 것이다. 그저 원컨대 나의 어린 피에로들이여, 너희가 이후에 각각 자기의 곡예단을 가지게 될 적에는 모쪼록 너희들의 어린 피에로들과 더불어 이런 무

현실에 짓눌리지 않고 생명의 풋풋한 기운으로 솟구치는 아이들의 모습에서 아버지는 피에로의 얼굴을 보고 있다. 마땅한 거처 없이 이 집 저 집 구차하게 전전하는 삶은 작가에게 아슬아슬하게 줄을 타는 곡예로 느껴진다. 피에로나 곡예사는 무대에서 관객들에게 웃음을 선사하지만, 그 뒤안길에는 이런저런 비애가 깃들어 있는 경우가 많다. 그 정황을 넌지시 녹여내면서 인간에 대한 페이소스(불쌍하게 여기는 마음 또는 허전하고 슬픈 마음)를 몸짓으로 담아낼 때, 그 공연은 단순한 엔터테인먼트 이상의 울림을 자아낸다.

"웃음은 남을 주고 슬픔은 내가 안고 간다." 코미디언 배삼용의 말처럼, 많은 코미디언의 생애에는 깊은 그늘과 슬픔이 깃들어 있다. 1980년대에 "얼굴이 못생겨서 죄송합니다" "뭔가 보여드리겠습니다" 등의 말로 유쾌한 웃음을 선사했던 코미디언 이주일은 아들을 교통사고로 떠나보낸 직후에도 무대에 섰다. 그 사정을 알고 있던 관객들과 스태프들은 그가 아무리 웃긴 이야기를 해도 웃지 않고 울었다. 그때 그가 이렇게 말했다. "왜들 우세요. 울지 마세요. 자꾸 엔지가 나잖아요. 자 웃으며 날 봐요."**

"유머의 은밀한 근원은 기쁨이 아니라 슬픔이다"라고 마크 트

* 황순원, 「곡예사」, 『목넘이마을의 개/곡예사』, 문학과지성사, 1992, 211쪽.

** EBS 지식채널e, 「코미디언」, 2014.

웨인은 말했다. 희극과 비극이 본질적으로 다르지 않은 듯하다. 그
것을 보여주는 시 한 편이 있다. 문정희의 「늙은 코미디언」*이다.

코미디를 보다가 와락 운 적이 있다
늙은 코미디언이 맨땅에 드러누워
풍뎅이처럼 버둥거리는 것을 보고
그만 울음을 터트린 어린 날이 있었다
사람들이 깔깔 웃으며 말했다
아이가 코미디를 보고 운다고……
그때 나는 세상에 큰 비밀이 있음을 알았다
웃음과 눈물 사이
살기 위해 버둥거리는
어두운 맨땅을 보았다
그것이 고독이라든가 슬픔이라든가
그런 미흡한 말로 표현되는 것을 알았을 때
나는 그 맨땅에다 시 같은 것을 쓰기 시작했다
늙은 코미디언처럼
거꾸로 뒤집혀 버둥거리는
풍뎅이처럼

*   문정희, 「늙은 코미디언」, 『작가의 사랑』, 민음사, 2018, 22쪽.

5. 삶을 긍정하며 현실에 초연하기

유머는 살아오는 동안 내내 나의 우정 어린 동료였다. 진정으로 적들을 이겨낼 수 있었던 순간들, 그 순간들을 누릴 수 있었던 것은 오로지 유머 덕분이었다. 누구도 내게서 그 무기를 떼어놓을 수 없었다. 또한 나는 기꺼이, 그 무기가 내 자신을 향하게 하기도 하는데, 그것은 '나'나 '자아'를 통해 그 유머가 바로 우리의 근원적 조건을 겨냥하기 때문이다. 유머는 존엄성의 선언이요, 자기에게 닥친 일에 대한 인간의 우월성의 확인이다.

— 로맹 가리, 『새벽의 약속』에서*

제2차 세계대전에서 영국이 독일의 공습에 연일 시달리던 때의 일이다. 런던의 어느 백화점이 폭격으로 일부가 파괴되어 큰 구멍이 생겼다. 다음 날 입구에 이런 안내판이 걸렸다. "오늘부터 입구를 확장합니다." 그리고 버킹엄 궁이 폭격당하자 엘리자베스 2세의 어머니는 이렇게 말했다. "우리가 폭격을 당해서 다행이다. 왕실과

---

* 로맹 가리, 『새벽의 약속』, 심민화 옮김, 문학과지성사, 2007, 165쪽.

국민 사이를 가로막고 있던 벽이 사라졌다. 이제 폭격에 희생당한 국민들 볼 면목이 생겼다."

상황이 절박할수록 더 큰 그림을 볼 수 있어야 하는데, 실제로는 정반대로 비좁은 시야에 갇히기 일쑤다. 유머는 사태에 매몰되지 않고 한 발자국 떨어져서 조망할 수 있는 시선을 열어준다. 개인의 삶에서도 그렇다. 웹상에서 인기리에 연재되었던 「나는 귀머거리다」라는 웹툰은 청각 장애를 지닌 작가가 자신의 일상을 담담하게 그려낸 작품이다. 불편한 것투성이고 뜻하지 않은 오해와 봉변을 당하기도 하는데, 그것을 불행이라기보다는 단순한 장애물로 여기면서 게임을 하듯 넘어가는 기발한 아이디어들이 소개된다.

문화가 성숙한 나라에서는 장애인을 비정상이 아니라 또 다른 삶의 방식으로 바라본다. 그래서 동정의 대상이 아닌, 보다 섬세한 배려가 필요한 이웃으로 대한다. 문화인류학자 김현경은 프랑스의 이색적인 공익광고 하나를 소개한다. "어떤 사람이 경사로를 걷고 있다. 양옆으로는 휠체어가 씽씽 지나간다. 그는 휠체어를 피하면서 간신히 도서관에 도착한다. 그런데 열람실의 책이 모두 점자로 되어 있다. 안내 데스크에 문의하니 수화로 대답해준다. 이런 세계에서는 점자를 읽을 수 없고 수화를 이해하지 못하고 휠체어 한 대 없이(!) 걸어 다녀야 하는 사람은 꼼짝없이 장애인이 된다."* 장애

---

* 김현경, 「세상 읽기―'나는 귀머거리다'」, 『한겨레』, 2017. 9. 27.

의 상대성을 유머러스하게 일깨우는 발상이다.

2016년 세계경제포럼에서 2020년에 인류에게 필요한 열 가지 기술을 내놓았는데, 그중 하나가 인지적 유연성cognitive flexibility이다. 고정관념에 사로잡히지 않고 다양한 관점에서 대상을 바라볼 수 있는 안목을 말한다. 창조성이라는 것도 바로 그런 능력에서 나온다. 자신과 자신이 속한 집단이 세계를 인식하는 모델(1부에서 언급한 '스키마') 또는 '프레임'을 유연하게 교체할 수 있어야 한다.

유머는 새로운 프레임을 짜는reframing 마음의 훈련이 될 수도 있다. 인간이 빠지기 쉬운 '인지의 왜곡,' 즉 자신의 틀(학습, 경험, 욕망, 두려움 등을 토대로 형성된 해석의 렌즈)에 현상이나 경험을 끼워 맞추는 마음의 습관에서 잠시 거리를 두게 해준다. 그것은 궁극적으로 삶과 세상을 다르게 바라보는 연습으로 귀결된다. 철학자 비트겐슈타인은 이렇게 말했다. "유머는 기분이 아니라 세계관이다. 따라서 나치 독일에서 유머가 말살되었다고 말하는 것이 옳다면, 그것은 사람들이 기분 나빴다는 것을 의미하는 것이 아니라, 더 깊고 중요한 어떤 것을 의미한다." 유머는 관점을 전환시키고 새로운 가능성을 타진하는 정신의 모험이다. 주어진 세계, 보이는 것에 머물지 않고 그 이면을 두루 살펴보는 지성의 운동이다. 그것은 곧 지혜로 나아가는 길이기도 하다.

중국의 문명비평가 임어당은 『생활의 발견』에서 '지혜'가 무엇인지를 재미있는 도식으로 제시한 바 있다.

현실 − 꿈 = 동물
현실 + 꿈 = 이상주의
현실 + 유머 = 현실주의(냉소주의)
꿈 − 유머 = 광신
꿈 + 유머 = 환상
현실 + 꿈 + 유머 = 지혜

하나씩 속뜻을 풀어보자.

현실−꿈=동물 물리적으로 경험되는 현실만이 전부고 꿈과 유머가 없다면 동물적 수준의 삶이다.

현실+꿈=이상주의 유머 없이 꿈과 현실만 결합하면 이상주의에 치우쳐 세상과 단절될 수 있다.

현실+유머=현실주의(냉소주의) 꿈이 없는 유머는 현실을 삐딱하게만 바라보기에 리얼리티를 다르게 상상할 수 있는 힘이 박약해진다.

꿈−유머=광신 경험에 거리 두기를 가능하게 하는 유머가 없기에 꿈 자체를 절대시하면서 맹목적인 신념에 사로잡힌다.

꿈+유머=환상 현실감각 없이 꿈과 유머만 결합하면 허황된 몽상으로 이어질 가능성이 높다.

현실+꿈+유머=지혜 현실을 정확하게 직시하면서 그것을 넘어선 존재를 꿈꾸고, 거기에 유머까지 곁들일 때 탁월한 지혜를 획득할 수 있다. 삶의 주인이 되려면 현실과 꿈 사이의 긴장을 잘 붙들고 견뎌야 하는데, 유머는 그것을 지탱하는 손잡이가 된다.

그렇게 해서 열리는 인식의 지평은 중세의 민중 문화와 축제를 탐구해온 문예비평가 미하일 바흐친의 웃음에 대한 통찰과 일맥상통한다.

> 웃음은 심오한 세계관적인 의미를 지니고 있으며, 웃음은 총체적인 세계, 역사, 인간에 대한 진리의 본질적인 형식의 하나이다. 웃음은 세계에 대한 특수하고 보편적인 관점이다. 엄숙함만큼이나(아마도 그 이상으로) 본질적으로 색다른 방법으로 세계를 바라보는 관점인 것이다. 그러므로 웃음은 엄숙함과 동일하게 '대문학' 속에(더욱이 보편적인 문제들을 제기하는) 수용되어야 한다. 세계의 어떤 본질적인 측면은 오직 웃음을 통해서만 접근할 수 있는 것이다.*

유머는 우리의 생각과 가슴을 열어준다. 지혜와 통찰을 불어넣으면서 마음의 질서를 명랑하게 다듬어준다. 지성은 그 길을 따라 자라나고 넓어진다. 그것은 즐거움을 수반한다. 교육과 학문이 제자리를 찾으려면 유머의 정신spirit을 회복해야 한다. 움베르토 에코의 『장미의 이름』에서 노老수도사 호르헤는 아리스토텔레스의 『시학 2』(이 소설에서 연쇄살인의 원인으로 설정된 가상의 책)에 대해 이렇

* 미하일 바흐친, 『프랑수아 라블레의 작품과 중세 및 르네상스의 민중 문화』, 이덕형·최건형 옮김, 아카넷, 2001, 115쪽.

게 비판한다. "여기에는 웃음이 맡는 몫이 왜곡되어 있어요. 이 서책에, 웃음은 예술로 과대평가되어 있고, 식자들의 마음이 열리는 세상의 문으로 과장되어 있어요."* 웃음이 심미적인 가치를 지닐 뿐 아니라 드넓은 세계로 향하는 지성의 통로가 된다는 것을 작가는 말하고 있다. 그리고 윌리엄 수도사의 말을 통해 웃음의 위대한 힘을 역설한다. "인류를 사랑하는 사람의 할 일은, 사람들로 하여금 진리를 비웃게 하고, 진리로 하여금 웃게 하는 것일 듯하구나. 진리에 대한 지나친 집착에서 우리 자신을 해방시키는 일…… 이것이야말로 우리가 좇아야 할 궁극적인 진리가 아니겠느냐?**

사이비 진리가 판을 치고 사람들이 거기에 지나치게 집착할 때, 그 광기는 끔찍한 결과로 이어지기 쉽다. 그 한 가지 예로 2차 세계대전 때 벌어진 홀로코스트를 들 수 있을 것이다. 그런데 당시 유럽을 장악해가던 히틀러에 맞선 인물 가운데 찰리 채플린이 있다. 그 두 사람은 동갑내기였고, 나비넥타이 모양의 콧수염을 하고 있었다. 미디어를 십분 활용하여 대중을 사로잡았다는 공통점도 있다. 하지만 방향은 정반대였다. 히틀러가 전쟁을 선동했다면, 채플린은 평화를 전파했다. "지금처럼 세상에 웃음이 절실한 때는 없었습니다. 이런 시대에 웃음은 광기에 대항하는 방패입니다." 채플린은 이렇게 말하면서 「위대한 독재자」라는 영화를 통해 히틀러를 웃음

* 움베르토 에코, 『장미의 이름 下』, 이윤기 옮김, 열린책들, 1992, 617쪽.
** 같은 책, 639쪽.

거리로 전락시켰고, 널리 상영된 그 작품은 히틀러의 위세를 꺾는 데 큰 몫을 했다고 평가된다. 그 이후로 히틀러는 대중 연설을 하지 않았고, 독일에서 채플린의 영화가 상영 금지된 것이 그 증거다.*

마이미스트 조성진은 자신의 페이스북에서 그 두 인물을 이렇게 비교했다. "히틀러와 채플린은 둘 다 허구의 달인이다. 그러나 둘은 다르다. 히틀러는 허구를 사실인 것처럼 보여주지만 채플린은 허구를 통해 진실을 말한다. 더욱 중요한 것은 자신이 택한 행위가 허구임을 숨기지 않는다는 것이다."

"환하게 웃는 자만이 현실을 가볍게 넘어설 수 있다. 맞서 이기는 게 아니라 가볍게 넘어서는 것이 중요하다"라고 니체가 말했다. '웃어넘기다'라는 말은 있는데, '울어 넘기다' '화내서 넘기다'와 같은 말은 없다. 웃음은 눈앞의 상황에 매몰되지 않고 장애물을 넘어 다른 가능성으로 나아가게 해준다. 미지의 것에 대한 상상으로 기존 세계를 의문에 부치고, 정직한 각성으로 삶을 긍정하는 지혜와 용기가 거기에서 나온다. 권력과 현실에 압도당하지 않는 기백, 자기 자신의 욕망이나 두려움과도 거리를 둘 수 있는 초연함이 유머가 주는 선물 아닐까. "연속된 시간, 끝도 없는 시간이 힘겹게 느껴지면, 유머 감각이 있는 사람은 일순간 거기에서 벗어나 부조리의 위안을 찾는다." 키르케고르의 말이다.

＊　　오노 히로유키, 『채플린과 히틀러의 세계대전』, 양지연 옮김, 사계절, 2017.

탁월한 유머 정신은 한국 역사에서도 간간이 검색된다. 예를 들어 16세기의 문인 임형수는 조정을 비난하는 벽서를 썼다는 죄목으로 사약을 받으면서, 옆에 있던 의금부 서리에게 "자네도 한잔할 텐가?"라고 농담을 걸었다고 『실록』은 전한다. 프로이트는 유머를 '사형대 위의 웃음'이라고 말하기도 했다. 두렵고 절망적인 상황을 뛰어넘을 수 있다는 의미로 비유한 것인데, 실제로 사형을 눈앞에 두고 건넨 임형수의 그 한마디는 유머의 극치라고 하겠다.

조선의 익살꾼으로 연암을 빼놓을 수 없다. 고전은 물론 근현대 문장들까지 통틀어 『열하일기』만큼 유머러스한 작품은 없을 것이다. 고전평론가 고미숙은 책의 곳곳에 끊임없이 등장하는 포복절도의 에피소드들에 착목하면서 그 저변을 탐사한다. 연암의 언행에 줄기차게 흐르는 골계의 힘은 어디에서 오는가. 열하에 도착한 일행에게 티베트의 판첸 라마를 만나 예를 표하라는 황제의 명령이 떨어져 모두 좌충우돌하고 있을 때, 그런 분위기엔 아랑곳하지 않고 놀이에 빠진 아이처럼 여행 구상에 골몰하던 연암을 두고 고미숙은 이렇게 평한다.

> 이런 식의 유영遊泳이 가능하려면 자신을 아낌없이 던질 수 있는 당당함이 요구된다. 자의식 혹은 위선이나 편협함이 조금이라도 작용하는 한, 이런 식의 태도는 불가능하다. 웃음이란 기본적으로 자아와 외부가 부딪히는 경계에서 만들어지기 때문이다. 〔……〕 모든 경계에는 꽃이 핀다! 웃음이야말로 그

꽃들 가운데 하나다.

따라서 이 유쾌한 유머 행각들은 어떤 대상과도 접속할 수 있는 유목적 능력, 혹은 자신을 언제든 비울 수 있는 '무심한 능동성'의 소산에 다름 아니다. 말하자면, 그는 비어 있음으로 해서 어떤 이질적인 것과도 접속할 수 있었고, 그 접속을 통해 '홈 파인 공간'을 '매끄러운 공간'으로 변환할 수 있었다.*

연암의 반짝이는 유머는 호방한 사유에서 비롯된다. 자질구레한 이해관계나 부질없는 허세와 명분 따위에 얽매이지 않고 원대한 우주에 홀연히 접속하는 기개, 무엇에도 고착되지 않고 언제든 떠날 수 있으며 어디에든 심신의 닻을 내릴 수 있는 방랑자적 체질이 그 아래에 깔려 있다. 자기를 '무심'하게 비움으로써 낯선 존재에 '능동'적으로 말을 거는 역설을 연암은 다채로운 드라마로 연출한다. 그는 무엇보다도 스스로에게서 자유로운 인간이었다. 그러기에 삶을 철저하게 긍정하면서도 현실에 초연할 수 있었다. 그가 피워낸 웃음의 꽃은 오늘 우리의 삶에 어떤 씨앗이 될까.

---

* 고미숙, 『열하일기, 웃음과 역설의 유쾌한 시공간』, 북드라망, 2013, 274~75쪽.

경박함과 심각함을 넘어서

온 누리가 하나가 되어 미소 짓는 듯하니,
듣는 것이나 보는 것 모두 나를 황홀경에 빠뜨리는구나
— 단테의 『신곡』, 「천국」 27편에서

단테의 『신곡』은 원래 제목이 'Divina Commedia'로, '신성한 희극'라는 뜻이다. 신성함과 희극은 어울리지 않는 개념인데 코미디라고 제목을 붙인 것은, 이 책이 학자들의 고상한 언어였던 라틴어가 아니라 저잣거리의 비속한 이탈리아어와 방언들로 씌었기 때문이다. 작품은 단테가 베르길리우스의 인도를 따라 지옥, 연옥, 천국을 여행하는 흐름으로 구성되어 있다. 온갖 탐욕과 교만과 증오로 가득 찬 지옥은 전혀 희극의 무대가 아니다. 반면에 천국은 가슴이 열려 있고 영혼이 자유로운 사람들이 어우러지면서 지고한 희극의 경지를 보여준다. 그들은 모든 것을 감싸 안는 하나의 빛과 사랑에 참여한다. 위의 인용문은 단테가 천국의 여덟번째 단계에 이르렀을 때의 느낌을 묘사한 것이다. 온 우주가 미소로 나를 환대하는 곳이 바로 천국이다.

사람들과 어울리다 보면, 가끔 폭소를 터뜨리게 된다. 몸을 가누지 못할 정도로 자지러지고 배꼽을 잡으며 뒹굴 때, 우리는 다른 존재가 되는 듯하다. 그 짧은 시간 동안, 생각은 정지되고 어떤 황홀한 기운에 사로잡힌다. 함께 웃는 사람들 사이에 기쁨의 에너지가 진동하고 일체감이 느껴지면서, 과거와 미래를 잊고 '지금 이 순간'에 머물게 된다. 그 파장은 구겨진 가슴을 펴주고 감정을 정화시킨다. 그래서 실컷 웃었을 때는 시간을 낭비했다는 느낌이 전혀 들지 않는다. 얼핏 지극히 비생산적인 행위로 보이지만, 정서적으로 충전이 되기 때문이다. 강의나 발표에서 청중들을 웃음바다에 몇 번 빠뜨리기만 하면, 내용이 부실하더라도 용서가 되는 것도 비슷한 까닭이다.

사람이 웃을 때 뇌에서 일어나는 반응을 보면, 칭찬을 받을 때 활성화되는 보상 영역의 부위가 자극을 받는다고 한다. 자신과 아무 상관 없는 일로 웃는다 해도, 자신의 존재 가치가 드높아지는 듯한 느낌이 수반되는 것이다. 그래서 한바탕 크게 웃고 나면, 머리에 가득 차 있던 고민과 복잡한 생각이 줄어든다. 웃음은 정신을 흔들고 풀어준다. 기존의 의미 질서에 균열을 내고, 완전히 붕괴시키기도 한다.

언어로 구성되는 리얼리티가 착란에 빠질 때, 우리는 잠시 무無의 세계로 해방된다. 그 카오스는 창조와 발상의 모태가 될 수 있다. '～해야 한다'라는 당위의 속박과 초자아의 억압에서 벗어나,

'~하면 어때서?'라는 질문이 가능해진다. 막연하게 두려워했던 현실을 취소시키고, 또 다른 삶의 형식에 로그인할 수 있게 되는 것이다. 유머는 말놀이를 통해 세계의 자명함에 물음표를 달아보고, 사물의 우스꽝스러움을 통해 부조리를 수용하는 연습이다.

그 점에서 유머는 선禪문답과 닮은 면이 있다. 말이 안 되는 것을 말함으로써 실존적 진리를 깨닫게 하는 선불교는 인도의 불교가 중국의 노장사상을 만나면서 형성된 전통이다. 선문답은 얼핏 들으면 상대방을 놀리는 말장난처럼 들린다. 이것을 말하는가 싶은데 저것을 말하고, 어떤 것을 긍정하는 듯하면서 동시에 부정하기 때문이다. '이것/저것' '그렇다/아니다'의 이분법을 깨부수는 것이 선문답의 핵심이다. 질문에 답하는 순간 언어와 논리의 함정에 빠지는 것을 알아차리도록 일깨우는 화법, 일체의 전제를 거부하고 상식적인 의미 작용을 뒤흔들어버리는 죽비 같은 한마디는 명쾌한 깨우침을 준다. 의식이 생각의 비좁은 골방을 박차고 나와 드넓은 우주로 뻗어나가는 길이 열린다.

그 점이 유머의 속성과 연결된다. 실제로 선문답에는 유머러스한 요소들이 가득 담겨 있다. 논리와 비논리의 이항 대립을 경쾌하게 뛰어넘으면서 의미를 생동시키는 마법이라고 할까. 유머는 언어의 발랄한 변주를 통해 끊임없이 경계를 해체하고 새로운 존재를 탐구한다. 프랑스의 철학자 앙드레 콩트-스퐁빌이 유머에 대해 말한 것은 우리에게 많은 통찰을 준다.

웃음은 의미에서 나오는 것도 아니고, 비의미에서 나오는 것
도 아니다. 웃음은 한쪽에서 다른 쪽으로의 건너감에서 나온
다. 의미가 흔들리면 유머가 있다. 의미가 없어지는 순간, 그
러니까 의미가 있음에서 없음으로 건너가면서, 마치 공중에
매달린 듯이 흔들거릴 때에 유머가 있다. 〔……〕 유머는 의미
의 진동, 의미의 망설임 또는 의미의 폭발이다. 간단히 말해
서, 유머는 하나의 과정이며 진행이다. 그러나 유머는 진지한
의미에서 기원에 가까이 가 있는 동시에 부조리한 비의미라
는 자연스러운 배출구에 가까이 다가간, 그렇게 해서 무한 변
조無限變調를 드러나게 하는 힘이다. 아무튼 유머는, 내가 보기
에는, 의미와 비의미 사이의 갑작스러운 진동, 순간적으로 포
착되는 진동 사이에 있다. 의미가 너무 가득하면 유머가 아니
다. 그것은 오히려 아이러니에 가깝다. 의미가 너무 빈약해도
유머가 아니다. 그것은 어처구니없게 들릴 수 있다. 여기에서
도 아리스토텔레스의 중용은 필요하다. 〔……〕 유머는 모든
진지한 것 속에서 경박함을, 모든 경박한 것 속에서 진지함을
끌어내는 불안정하고 모호한 중간의 어떤 것이다.*

유머는 진지한 것 속에서 경박함을, 경박한 것 속에서 진지함을
끌어낸다고 말하고 있다. '진지하다'는 것은 무엇일까. 그와 비슷하
면서도 다른 뜻을 담은 단어로 '심각하다'가 있다. 둘 다 영어로는
'serious'라고 번역되지만, 한국어에서는 사뭇 뉘앙스가 다르다. '진

*   앙드레 콩트-스퐁빌, 『미덕이란 무엇인가』, 조한경 옮김, 까치글방, 2012, 261~62쪽.

지하다'라고 할 때, 어떤 상황이나 사람이나 문제에 대해 온 마음으로 몰입하는 모습이 연상된다. 반면에 '심각하다'라고 하면, 어떤 생각이나 상황에 매몰되어 묶여 있는 모습이 떠오른다(몰입과 매몰의 차이는 크다). 우리는 진지해야 할 일들에는 마음을 모으지 못하고, 사소한 일들에 지나치게 심각할 때가 많다. 피상적인 것에 집착하고, 에고에 매달려 무게를 잡는다. 권위주의와 서열 의식, 거기에서 비롯되는 꼰대 기질이 관계를 경색시킨다.

그런 심각한 분위기에서는 유머가 싹트기 어렵다. 기껏해야 단편적인 아재 개그를 날리는 정도다. 심각함은 유머와 상극이다. 경쾌함이 들어설 여지가 없기 때문이다. 천사들이 날 수 있는 이유는 자기 자신을 가볍게 받아들이기 때문이라는 말이 있다. 자신이 어떻게 대접받는가에만 신경을 곤두세우며 취하는 위압적인 몸짓은 다른 사람들에게 유쾌한 웃음을 선사하기는커녕 분위기만 경직시킨다. 그러다가 엄숙주의의 가면이 벗겨지면 유치한 민낯을 드러내며 경솔한 말들을 쏟아내기도 한다.

진정한 유머는 경솔함이 아닌 진솔함에서 우러나온다. 자기에게 솔직할 때 그리고 심각한 허세를 내려놓고 진지한 눈빛으로 타인을 바라볼 때, 가슴에서 가슴으로 진동하는 익살이 솟아오른다. 그 웃음은 세상을 다르게 만날 수 있는 삶의 자리를 빚어낸다. 새로운 사회의 실마리가 그 안에 깃들어 있다.

현실을 외면하지 않으면서 그로부터 자유로워질 수 있을까. 환상이나 허무주의로 도피하지 않고 자기기만에 빠지지 않으면서 상황을 직면할 수 있을까. 세상의 뭇 허구들을 의심하고 때로 반란을 일으키면서 또 다른 우주들을 다양하게 빚어보자. 각자의 이야기를 내놓으면서 공동의 의미 공간을 창조해나가는 것이다. 논리와 비논리, 의미와 무의미, 앎과 모름, 이성과 감성, 정상과 비정상, 똑똑함과 어리석음, 기쁨과 슬픔 등 상투적인 이분법을 넘어, 언어 이전 또는 그 너머의 세계로 나아가는 길이 거기에 있을 듯하다. 나와 너의 경계를 가로지르는 마음의 움직임을 따라서.

> 캄캄한 소식의 실낱같은 완성
> 실낱같은 여름날이여
> 너무 간단해서 어처구니없이 웃는
> 너무 어처구니없이 간단한 진리에 웃는
> 너무 진리가 어처구니없이 간단해서 웃는
> 실낱같은 여름 바람의 아우성이여
> 실낱같은 여름풀의 아우성이여
> 너무 쉬운 하얀 풀의 아우성이여
>
> ─김수영, 「꽃잎 3」에서*

*   김수영, 「꽃잎 3」, 『김수영 전집 1─시』, 민음사, 2003.

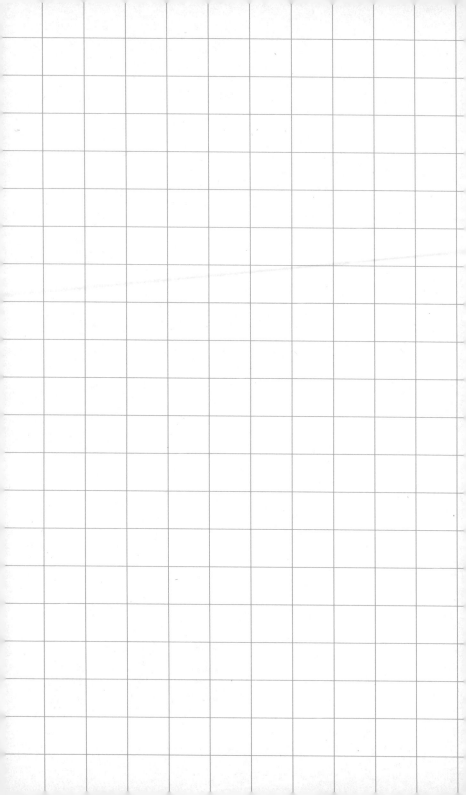